Autor: Bert Hartmann

Microsoft Windows XP Lernkurs für Einsteiger

Sehen • Lesen • Verstehen

media Verlagsgesellschaft mbH

1 Windows XP Installation

2 Die Windows XP Oberfläche

3 Dateien und Ordner verwalten

4 Drucker installieren

5 Internet

6 Media Player

Michael Becherle

Lieber Leser,

mit dieser Taschenbuchausgabe „Windows XP – Lernkurs für Einsteiger“ möchten wir Ihnen den Einstieg in das neue Betriebssystem von Microsoft so einfach wie möglich machen.

Dieses Workshop-Buch befasst sich besonders mit den Anfangseinstellungen und Konfigurationen wichtiger Hard- & Software unter Windows XP. Sie brauchen das Buch nicht von vorne bis hinten durchzulesen, sondern können mit dem Kapitel beginnen, das Sie interessiert. Jedes Kapitel beinhaltet einen abgeschlossenen Abschnitt.

Alle Einsteigerbücher der media bookline-Serie sind nach dem gleichen Prinzip aufgebaut: kurze und verständliche Schritt-für-Schritt-Anleitungen in Wort und Bild.

Wir wünschen Ihnen viel Spaß beim Lesen!

Grafische Hinweise zum Verwenden des Buches

= Die Kapitel sind in verschiedene Farben unterteilt und somit schneller und eindeutiger auffindbar

1 2 3 = Workshop: Schritt-für-Schritt-Anleitungen

Kalibrierung = Ein blau unterstrichenes Wort wird im Glossar erklärt.

= Erklärungen werden durch rote Linien zugewiesen.

1 Windows XP

In diesem Kapitel zeigen wir Ihnen, was Windows XP eigentlich ist, was das XP bedeutet und wie Sie XP auf Ihrem Computer installieren.

Was ist Windows XP?

Windows XP ist die neue Generation der Windows-Betriebssysteme, der Nachfolger von Windows 2000 und Windows Millenium. Windows XP bietet neuartige Einsatzmöglichkeiten, die auf einem völlig neuen grafischen Design, einer optimierten Funktionalität und der zuverlässigen Grundlage von Windows 2000 basieren. Windows XP setzt Ihren Computer in ganz neue Bereiche, so steht er nicht mehr nur so zu Hause, wenn Sie nicht da sind, sondern Sie können ihn auch in Ihrer Abwesenheit als Integrationspunkt der Informationen wirken lassen, zum Beispiel über das Internet. So greifen Sie von überall, aus dem Büro, von unterwegs und wo immer Sie sind, schnell und sicher auf Ihre Daten zurück. Sie können auch CDs brennen, erhalten mit dem MediaPlayer volle DVD-Unterstützung, können gemeinsam das Internet nutzen, einen personalisierten Begrüßungsbildschirm einrichten und vieles mehr. Lesen Sie die einzelnen Kapitel dieses Buches und erfahren Sie mehr über Windows XP.

Was bedeutet „XP“?

„XP“ steht für eXPerience (Erfahrung) und drückt das neue Computing-Erlebnis und seine Einsatzmöglichkeiten am besten aus.

Installation von Windows XP

In diesem Kapitel begleiten wir Sie nun bei der Installation von Windows XP auf Ihrem Computer. Als Grundlage müssen Sie über einen Computer mit bereits installiertem Windows ME oder Windows 2000 verfügen. Des Weiteren sollten Sie ein wenig Zeit mitbringen, da die Installation ca. 60 bis 90 Minuten in Anspruch nimmt, je nach Schnelligkeit des Computers. Ganz wichtig! Noch bevor Sie mit der Installation beginnen, schalten Sie bitte, soweit Sie einen aktiven Virenscanner auf dem System installiert haben, diesen aus, sonst kommt es zu Komplikationen bei der Installation. Aber genug der Vorrede, beginnen wir mit der Installation.

1 Legen Sie die Windows XP-CD in Ihr CD-ROM Laufwerk und schließen Sie dieses. Die CD startet nun automatisch und Sie sehen dieses Fenster,

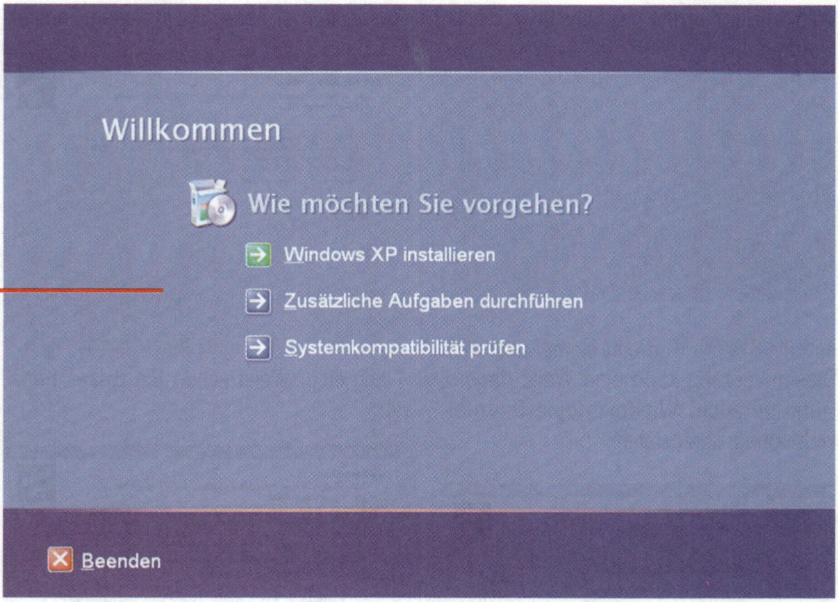

2 Sie haben nun die Möglichkeit Windows XP direkt zu installieren. Dazu klicken Sie mit dem Mauszeiger auf diesen Eintrag:

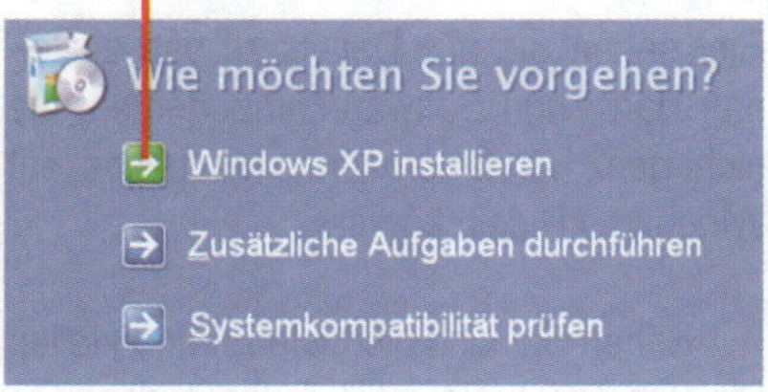

Lesen Sie bitte, wenn Sie sich für die Installation entschieden haben, ab Punkt **6** weiter.

3 Oder Sie prüfen erst einmal Ihr System auf Verträglichkeit mit Windows XP. Dabei wird Ihre bereits installierte Software und die Hardware geprüft. Klicken Sie auf diesen Eintrag:

4 Sie sehen nun dieses Fenster, wenn Sie sich für das **System prüfen** entschieden haben:

Wählen Sie hier mit der Maustaste diesen Eintrag an,

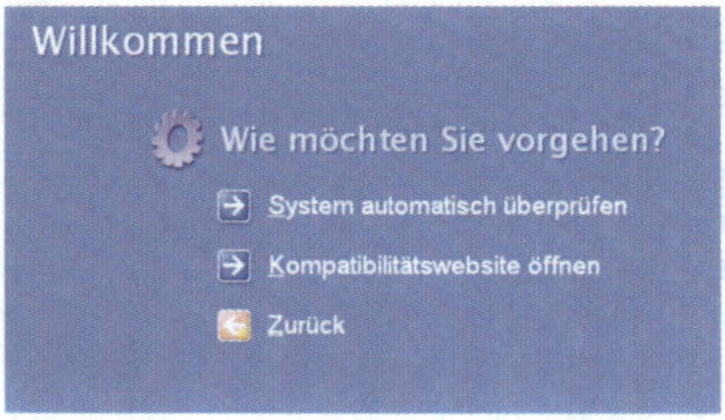

und Ihr System wird erst einmal überprüft. Dieser Vorgang kann eine Weile dauern. Dann versucht Windows eine Internetverbindung herzustellen,

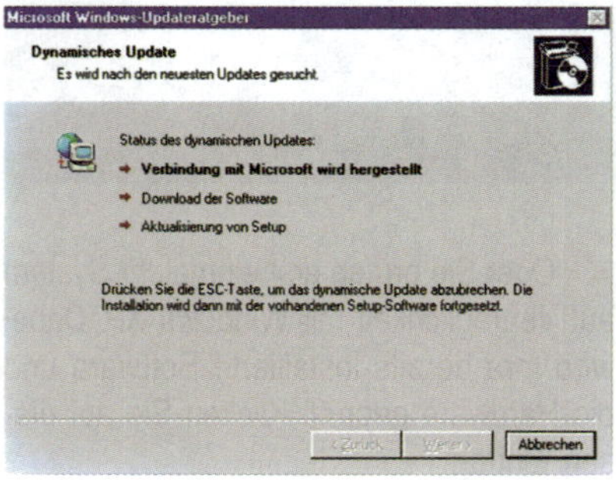

um neue Updates zu suchen. Diesen Vorgang können Sie mit einem Klick auf diesen Button

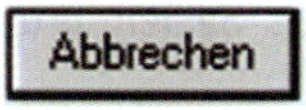

abkürzen.

5 Nun wird Windows XP einen Kompatibilitätsbericht erstellen. Wie weit dieser fortgeschritten ist, sehen Sie in diesem Fenster:

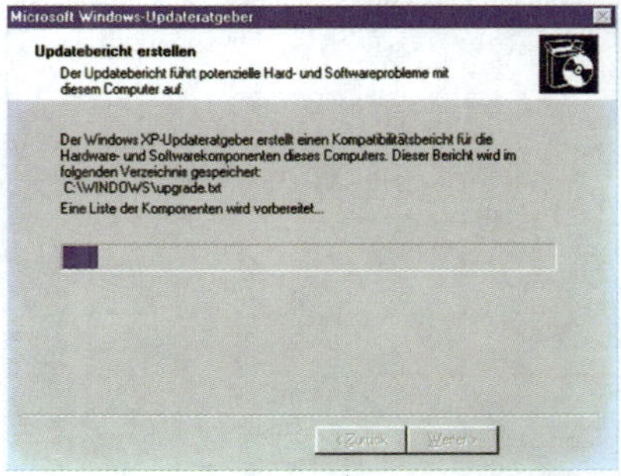

Nach einer Weile sehen Sie dieses Fenster:

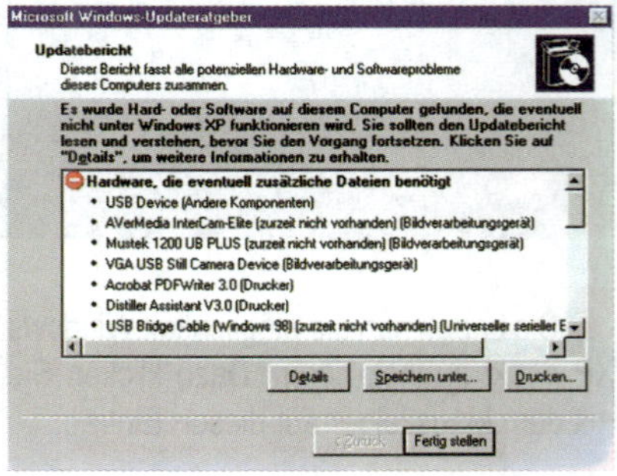

Hier sehen Sie alle Details zu den einzelnen Hard- und Softwarekomponenten, die nicht ganz hundertprozentig kompatibel mit Windows XP sein könnten.

6 Sehen Sie sich die Liste an und stellen Sie sich schon einmal darauf ein, dass Sie für die Geräte neue Treiber besorgen müssen oder überlegen Sie, ob Sie Windows XP überhaupt auf Ihrem Computer installieren müssen. Gerade dann, wenn zum Beispiel Ihre wichtigsten Arbeitsprogramme als nicht kompatibel angezeigt werden. Aber egal wie Sie sich entscheiden, klicken Sie in jedem Fall auf diesen Button:

Sie sehen nun wieder diesen Bildschirm:

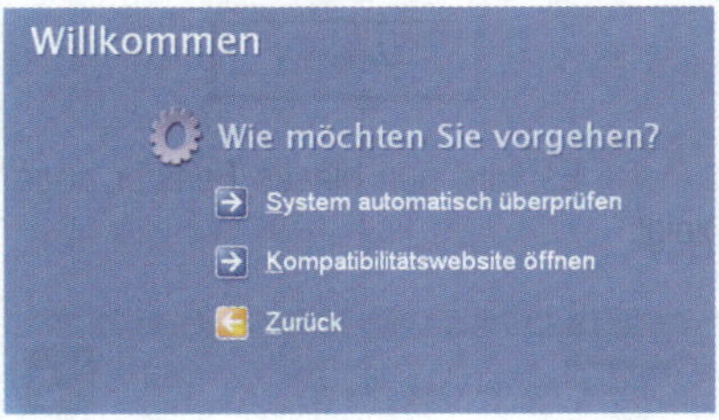

Hier klicken Sie auf diesen Button

und Sie gelangen zu folgendem Bildschirm zurück:

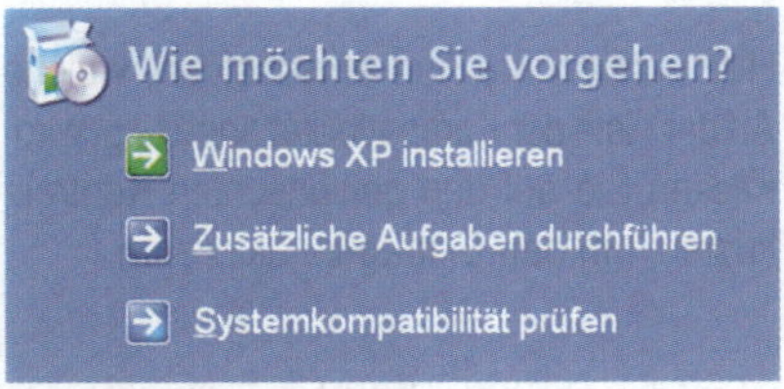

7 Klicken Sie mit dem Mauszeiger auf diesen Eintrag,

und es wird mit der eigentlichen Installation begonnen. Dazu sehen Sie den Bildschirm:

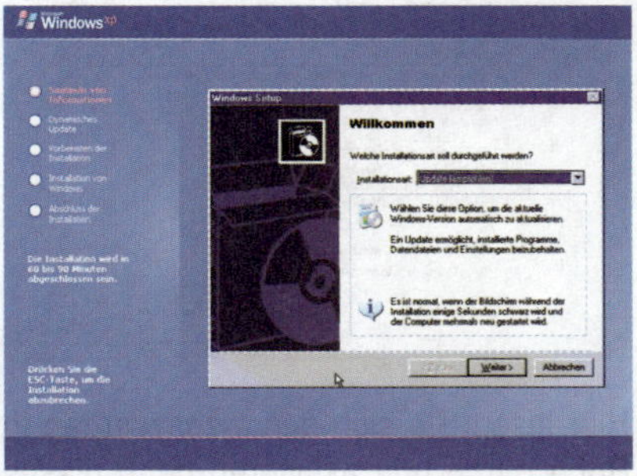

Behalten Sie die Einstellungen, wie sie vom System vorgeschlagen werden, bei

und klicken Sie auf diesen Button, um die Installation fortzusetzen.

8 Es öffnet sich folgendes Fenster:

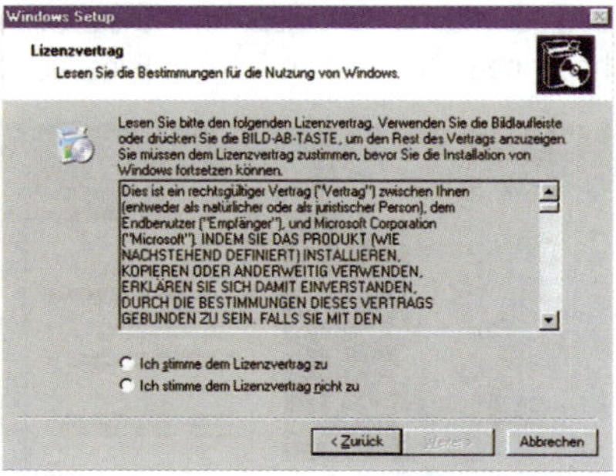

Hier lesen Sie sich den Lizenzvertrag in Ruhe durch und aktivieren dann dieses Kontrollkästchen mit einem Klick des Mauszeigers:

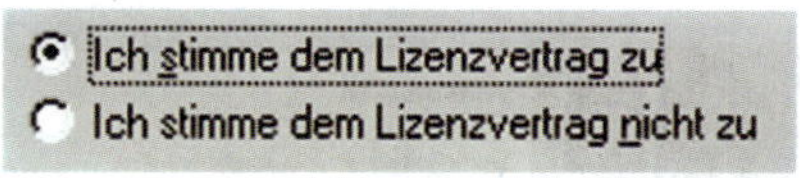

Dann klicken Sie wieder auf diesen Button:

9 Es öffnet sich dieses Fenster:

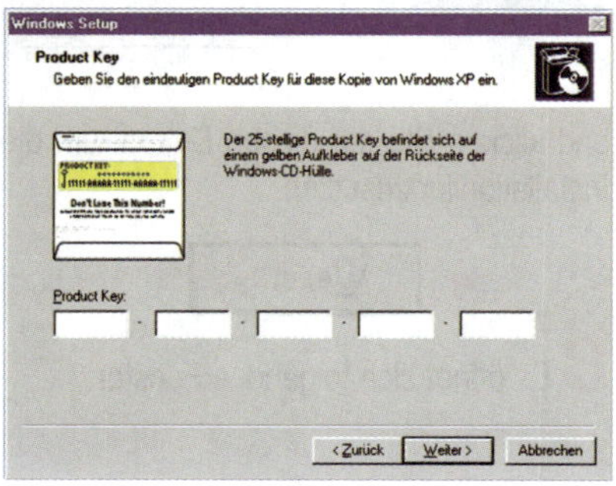

Geben Sie über die Tastatur in diesem Bereich den Product Key ein.

Diesen finden Sie auf der Verpackung der Original-CD. Haben Sie den Code eingegeben, so klicken Sie auf diesen Button:

10 Es wird nun dieses Fenster angezeigt:

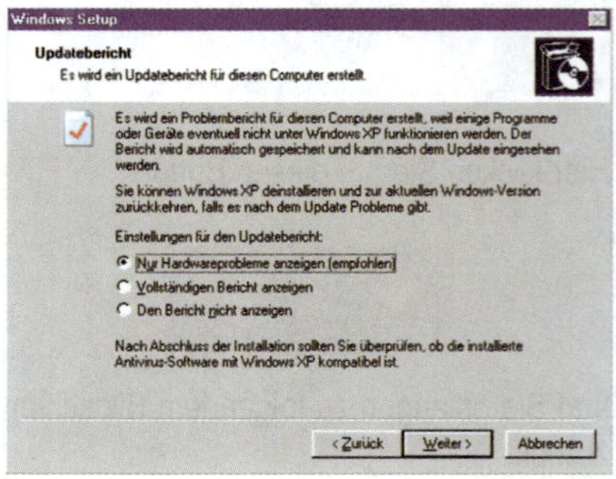

Hier können Sie nun entscheiden, welche Art der Liste der Kompatibilität angezeigt wird. Klicken Sie auf den gewünschten Kontrollkasten, um den Eintrag zu aktivieren.

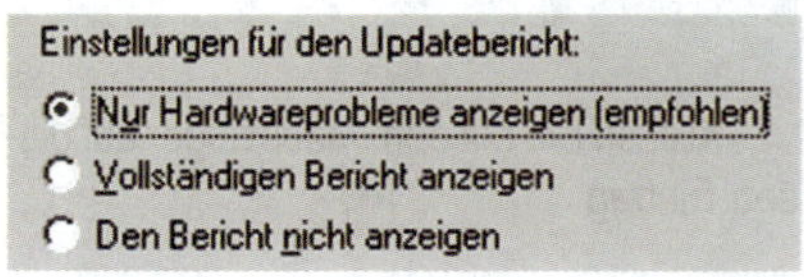

Dann klicken Sie auf diesen Button:

11 Es öffnet sich dieses Fenster:

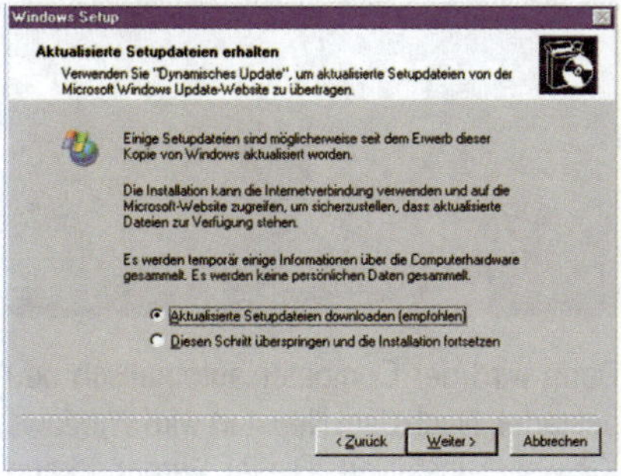

Hier können Sie entscheiden, ob Sie die Windows-Daten, so wie auf der CD vorhanden oder mit eventuellen Veränderungen, die nach dem Erscheinen der CD an Windows XP vorgenommen wurden, installieren möchten.

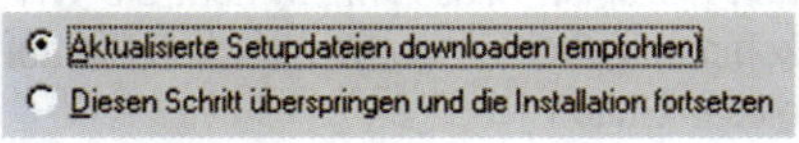

Wenn Sie sich die Windows Version recht frisch nach dem Erscheinen von Windows XP am 25.10.2001 gekauft haben, oder über kein Modem oder ISDN-Gerät verfügen, so sollten Sie diesen Eintrag anwählen,

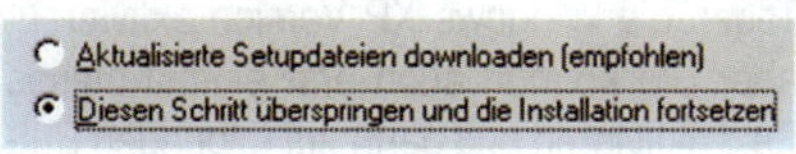

denn Sie können auch später noch die Windows-Daten per Internet aktualisieren. Klicken Sie dann auf diesen Button:

12 Windows XP bereitet nun die Installation vor. Sie sehen mehrere Bildschirmeinstellungen, unter anderem diesen,

in dem Sie über die neue Windows XP Version informiert werden. Derzeit wird das System analysiert.

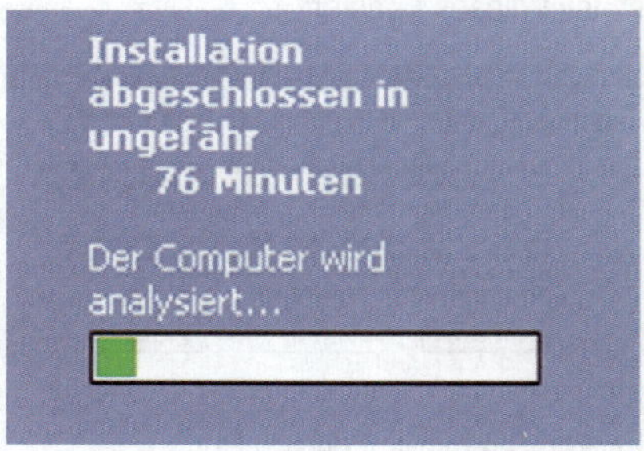

Die Fortschritte sehen Sie in diesem Teil des Fensters auf der linken Seite.

13 Ist die Vorbereitung abgeschlossen und haben Sie die Hardware-Kompatibilitätserkennung aktiviert, so erscheint dann dieses Fenster:

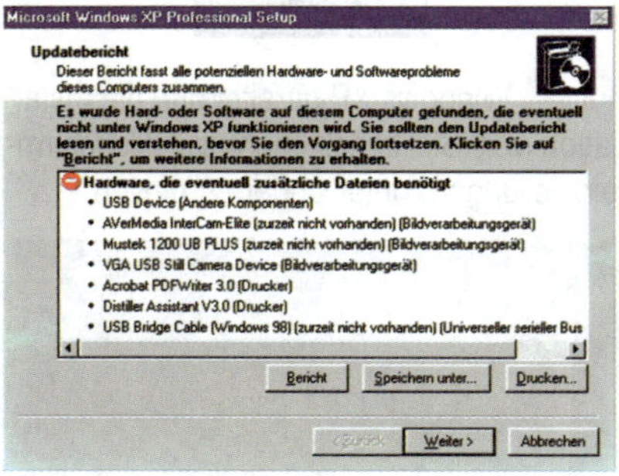

Hier können Sie die Liste einsehen und klicken dann auf diesen Button:

14 Sie werden nun noch einmal auf die nicht mehr korrekte Funktion einiger Hardwarekomponenten hingewiesen. Dazu erscheint dieses Fenster:

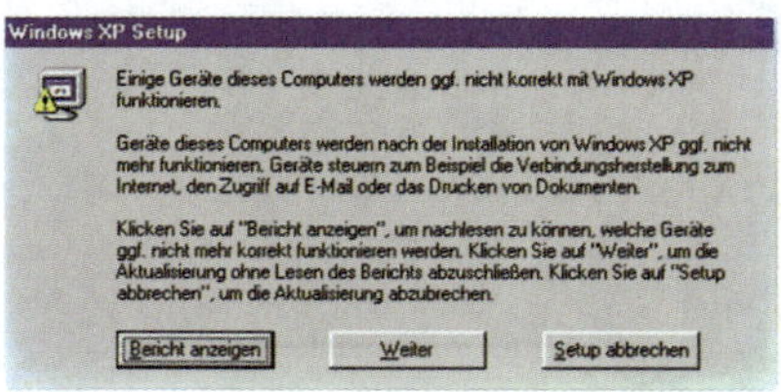

Klicken Sie hier auf diesen Button,

und die Installation wird weiter fortgesetzt. Sie sehen dieses Bild:

Dann wird der Computer automatisch neu gestartet. Nach dem Neustart wird Windows XP weiter installiert. Dieser Vorgang kann einige Zeit in Anspruch nehmen. Während der Installation informiert Sie Windows XP über die Neuerungen der neuen Windows Version.

15 Ist die Installation beendet, so sehen Sie einen Bildschirm, in dem Sie Willkommen geheißen werden. Klicken Sie auf diesen Button

und es erscheint der Bildschirm für die Aktivierung. Wählen Sie hier das Kontrollkästchen für die Aktivierung Ihrer Software aus. Sie müssen auf jeden Fall binnen 14 Tagen die Windows XP Version aktivieren, aber Sie können auch erst einmal dieses Feld aktivieren und dann auf folgenden Button klicken:

Im nächsten Fenster aktivieren Sie den zweiten Eintrag und klicken dann auf diesen Button:

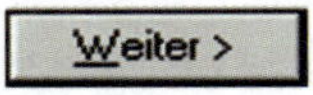

Es öffnet sich das nächste Fenster, in dem Sie einen Benutzernamen eingeben müssen und dann klicken Sie auf diesen Button:

Klicken Sie anschließend auf den Button **Fertigstellen** im nächsten Fenster und die Installation wird abgeschlossen. Es kann passieren, dass Sie nun eine Weile einen schwarzen Bildschirm sehen. Bleiben Sie ruhig, nach einer Weile geht es weiter, bis Sie zum Windows XP Desktopmenü gelangen.

Nun ist Windows XP komplett auf Ihrem Computer installiert. Wie es weiter geht, lesen Sie in den nächsten Kapiteln.

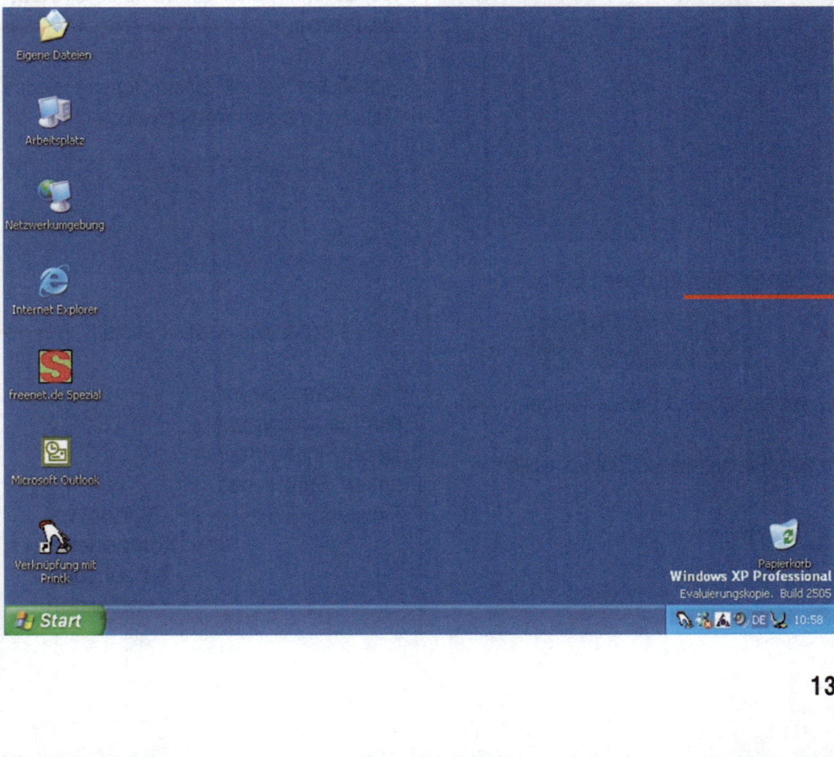

Windows-Komponenten nachinstallieren

Windows XP installiert bei der ersten Installation nicht alle Komponenten mit, sondern die Installation wird nur für die wichtigsten Komponenten durchgeführt. Um nun alle Windows XP Daten und Komponenten zu installieren, gehen Sie wie folgt vor:

1 Sie befinden sich im Windows XP Desktopmenü.

Klicken Sie hier auf diesen Button:

Es öffnet sich ein Fenster darüber,

in dem Sie auf diesen Eintrag klicken:

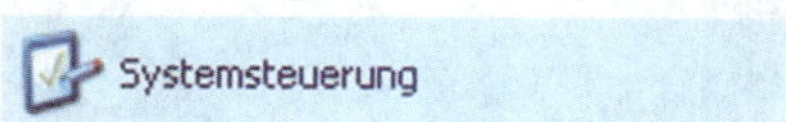

2 Es öffnet sich das Fenster **Systemsteuerung**.

Hier klicken Sie mit einem Doppelklick des Mauszeigers auf dieses Symbol:

3 Es öffnet sich dieses Fenster:

Hier klicken Sie mit dem Mauszeiger auf diesen Eintrag in der linken Spalte des Fensters.

Systemsteuerung
Datei Bearbeiten Ansicht Favoriten Extras ?
Zurück
Suchen
Ordner
Adresse Systemsteuerung
Wechseln zu
Systemsteuerung
Zur klassischen Ansicht wechseln
Siehe auch
Windows Update
Hilfe und Support
Weitere Systemsteuerungsoptionen
Wählen Sie eine Kategorie
Darstellung und Designs
Drucker und andere Hardware
Netzwerk- und Internetverbindungen
Benutzerkonten
Software
Datums-, Zeit-, Sprach- und Regionaleinstellungen
Sounds, Sprachein-/ausgabe und Audiogeräte
Eingabehilfen
Leistung und Wartung
Software
Programme ändern oder entfernen
Neue Programme hinzufügen
Windows-Komponenten hinzufügen/ entfernen
Zurzeit installierte Programme:
Sortieren nach: Name
Adobe Acrobat 4.0
Größe 7,26MB
Klicken Sie hier, um Supportinformationen zu erhalten.
Verwendet selten
Zuletzt verwendet am 20.06.2001
Klicken Sie auf "Ändern" oder "Entfernen", um dieses Programm zu ändern oder zu entfernen.
Ändern
Entfernen
Adobe Photoshop 6.0 Größe 113,00MB
Adobe SVG Viewer
AOL 6.0 Größe 39,43MB
ccWAP FreeShop
Corel Cumulus 5 LE
FlashGet(JetCar) Größe 2,18MB
Furnish Pro
GS ShopBuilder
Intellisync Größe 6,22MB
Internet-Banking (via netDeploy) Größe 6,47MB
Lotus ScreenCam 97 Größe 6,29MB
Lucent Technologies Soft Modem AMR
McAfee Firewall Größe 3,54MB
Schließen

4 Sie sehen nun dieses Dialogfenster:

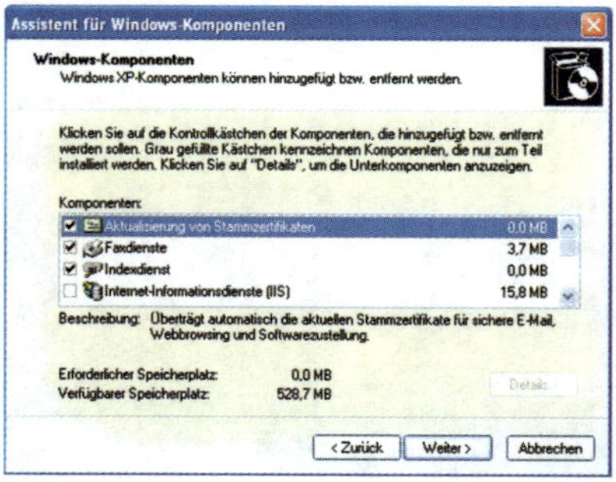

Die in dem Listenfenster markierten Einträge mit einem Häkchen im Kontrollkasten sind bereits auf Ihrem Computer installiert.

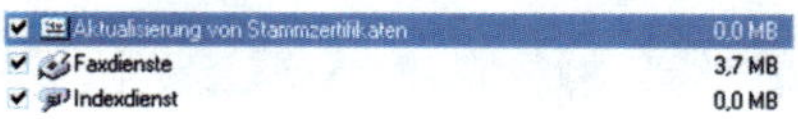

Die noch kein Häkchen im Kontrollkasten haben, sind noch nicht installiert.

Die Kontrollkästchen, die mit einem Häkchen versehen sind und mit einem grauen Hintergrund ausgestattet sind, sind nur teilweise installiert.

5 Um eine der Komponenten nachinstallieren zu können, klicken Sie mit dem Mauszeiger einmal auf den Eintrag

und dann auf diesen Button:

Es öffnet sich das Detailfenster der ausgewählten Komponente.

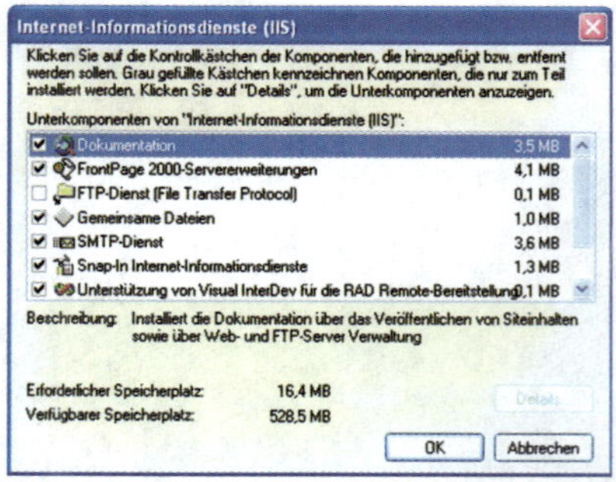

Hier aktivieren Sie alle Kontrollkästchen, deren Funktionen Sie nachinstallieren möchten. Zum Beispiel:

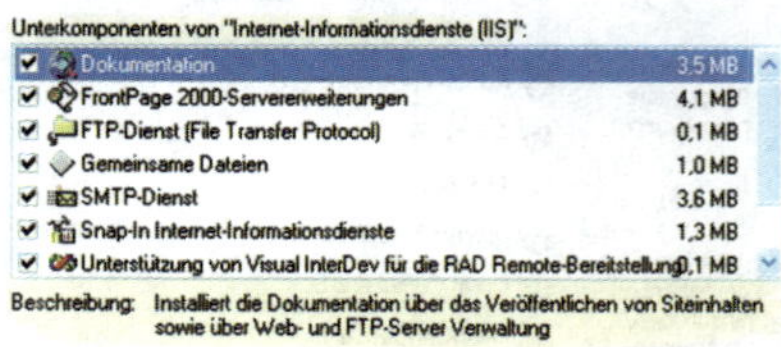

6 Dann klicken Sie auf diesen Button:

Im vorhergehenden Fenster, klicken Sie auf diesen Button:

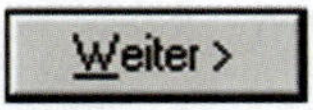

Nun werden die Komponenten auf der Festplatte nachinstalliert.

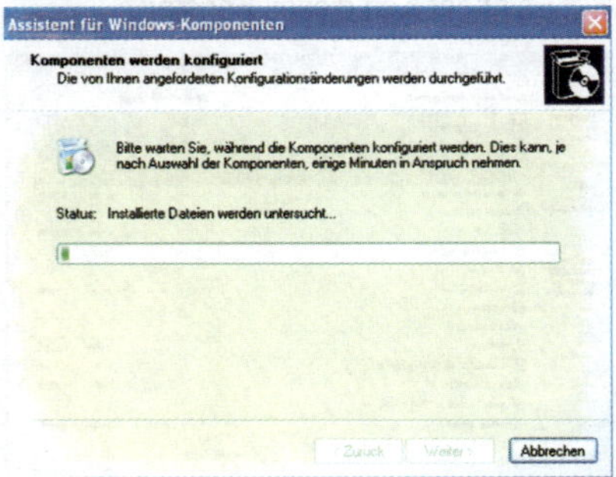

Dieser Vorgang kann eine Weile dauern. Dann erscheint dieses Fenster:

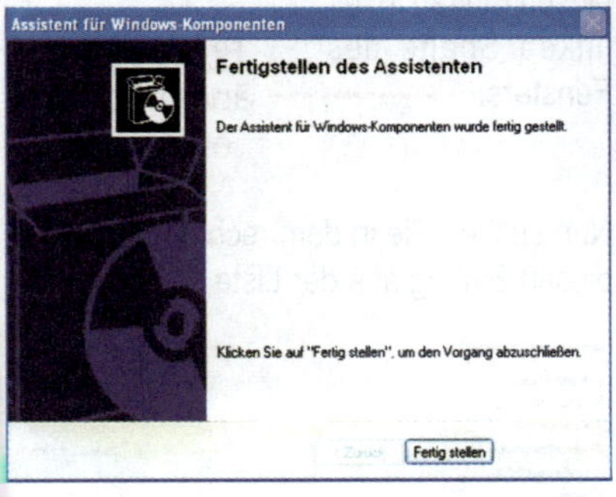

Hier klicken Sie auf diesen Button,

und nun wird die Nachinstallation abgeschlossen.

Windows XP vom Computer entfernen

Wenn Sie Windows XP wieder von Ihrem Computer entfernen möchten, um zur alten vorhergehenden Windows Version zurückzukehren, gehen Sie wie folgt vor:

1 Sie befinden sich im Windows XP Desktopmenü.

Klicken Sie hier auf diesen Button:

Es öffnet sich ein Fenster darüber,

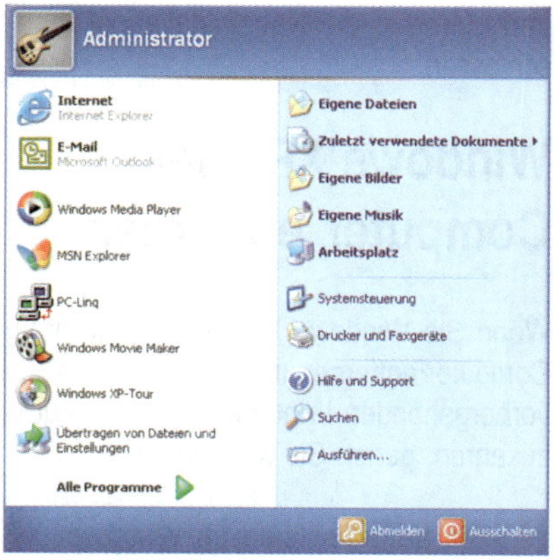

in dem Sie auf diesen Eintrag klicken:

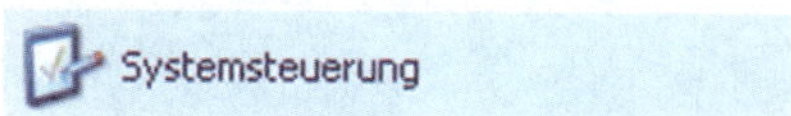

2 Es öffnet sich das Fenster **Systemsteuerung**.

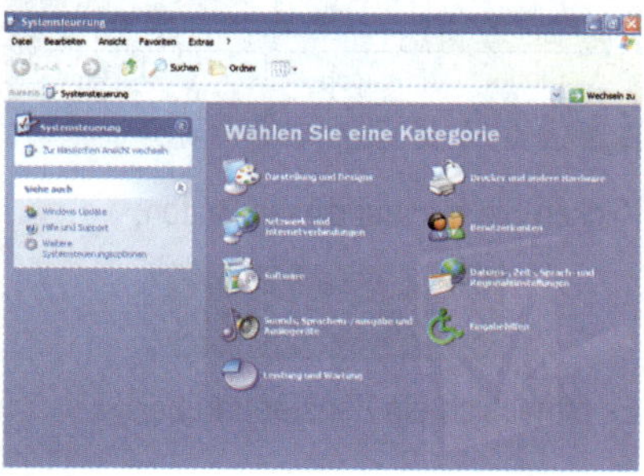

Hier klicken Sie mit einem Doppelklick des Mauszeigers auf dieses Symbol:

3 Es öffnet sich dieses Fenster:

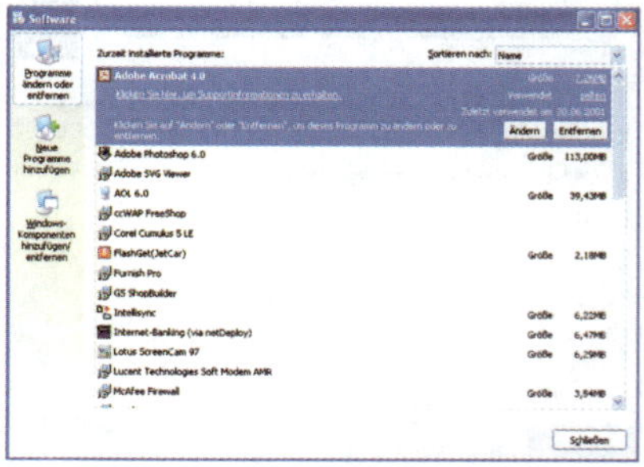

Hier klicken Sie mit dem Mauszeiger auf diesen Eintrag in der linken Spalte des Fensters.

Nun suchen Sie in dem rechten Fensterteil diesen Eintrag aus der Liste,

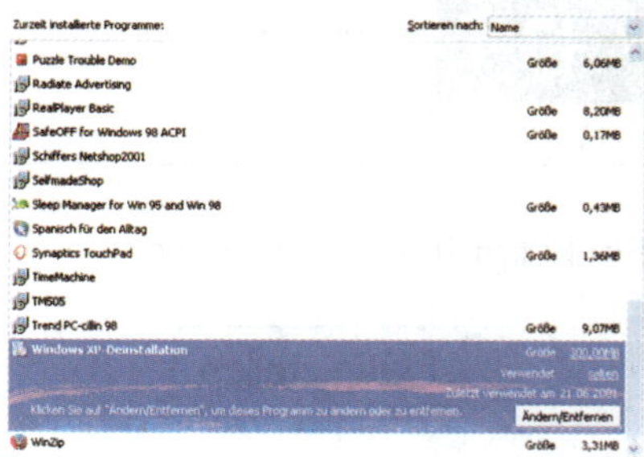

und klicken auf diesen Button:

4 Es öffnet sich dieses Fenster:

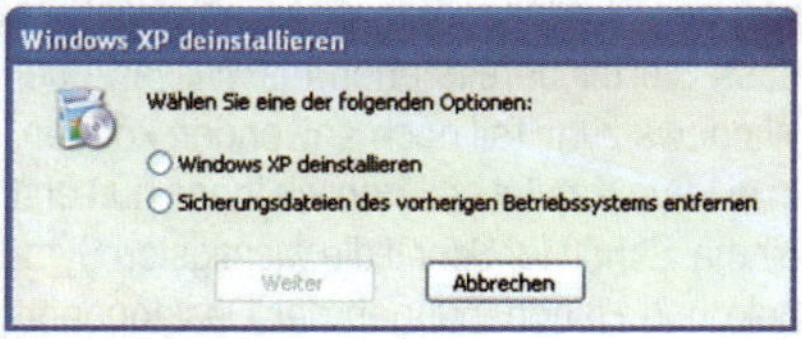

Um Windows XP wieder von Ihrem Computer zu entfernen, klicken Sie auf diesen Eintrag:

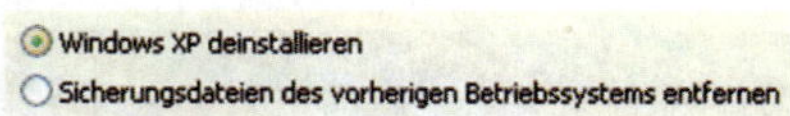

Wenn Sie für immer Windows XP auf Ihrem Computer behalten wollen und nie mehr zur alten Version zurück wollen, dann klicken Sie auf diesen Eintrag:

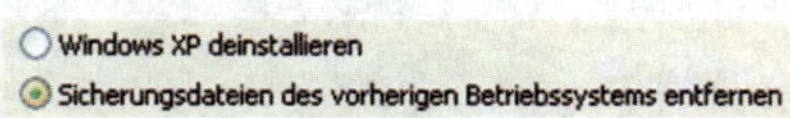

5 Um die ausgewählte Funktion auszuführen, klicken Sie auf diesen Button:

Es erscheint zur Sicherheit noch einmal dieses Fenster,

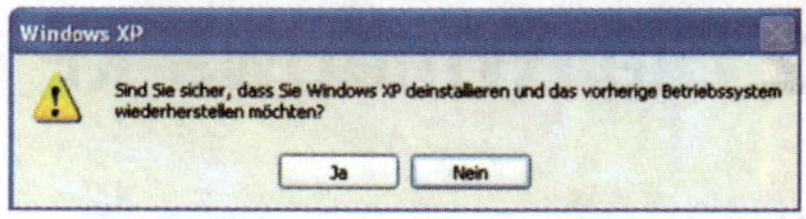

in dem Sie, wenn Sie Windows XP wirklich löschen möchten, auf diesen Button klicken:

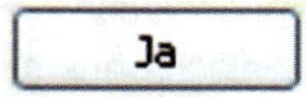

Nun wird Windows XP vom System gelöscht und Sie können wieder mit der zuvor auf dem System installierten Windows Version arbeiten.

2 Die Windows XP Oberfläche

Nachdem Sie nun Windows XP auf Ihrem Computer installiert haben, sehen Sie den Begrüßungsbildschirm und dann die so genannte Desktopoberfläche.
Von dieser Oberfläche aus steuern Sie Ihren Computer und die Programme. Wenn Sie bereits andere Versionen von Windows kennen, werden Sie feststellen, dass sich grafisch einiges getan hat. Die Windows XP Version wurde zwar optisch stark aufgewertet, aber es wurde auch darauf geachtet, dass die Steuerung und die Menüführung des Windows XP Programms nicht so stark von den Vorgängerversionen abweicht, so dass Sie Ihr bereits erlerntes Wissen über Windows zum Teil noch anwenden können. In diesem Kapitel erklären wir Ihnen nun erst einmal Schritt für Schritt die wichtigsten Symbole und Handhabungen der Desktopoberfläche.

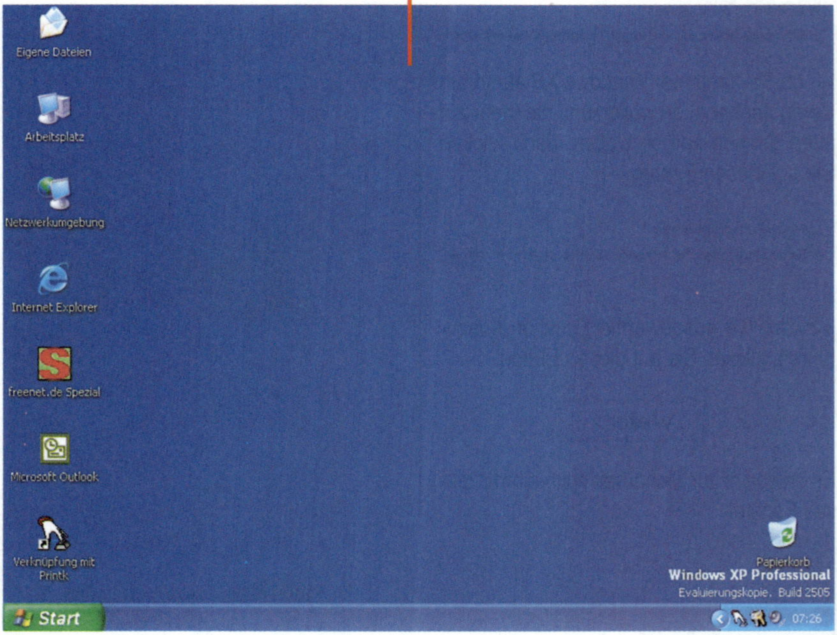

Desktopoberfläche

1 Hier finden Sie verschiedene Symbole am linken Fensterrand angeordnet. Hier zeigen wir Ihnen erst einmal die Symbole und was diese bedeuten.

2 Ganz oben finden Sie dieses Symbol:

Wenn Sie mit einem Doppelklick auf dieses Symbol klicken, gelangen Sie direkt zu dem Verzeichnis auf Ihrer Festplatte, in dem Sie Ihre eigenen Daten abgespeichert haben.

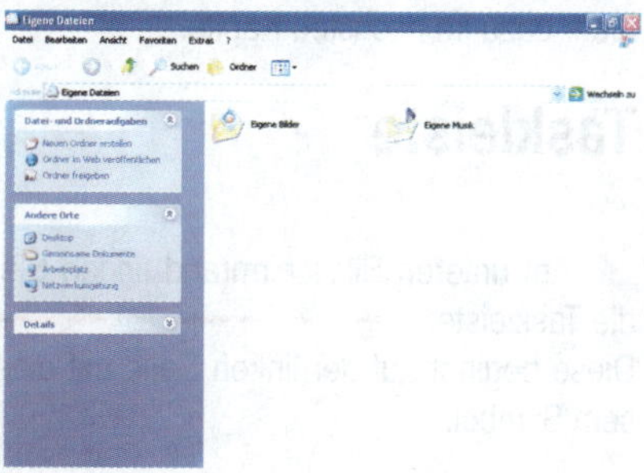

Dazu aber später mehr.

3 Wenn Sie auf dieses Symbol mit einem Doppelklick klicken,

gelangen Sie zum Arbeitsplatz, wo Sie Zugriff auf alle Komponenten Ihres Computers erhalten.

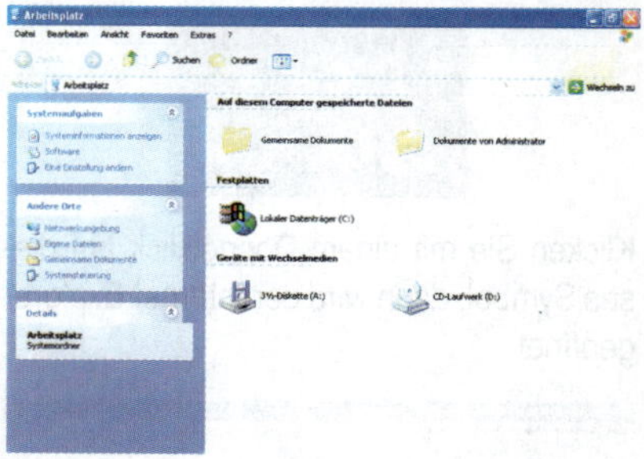

4 Unter dem nächsten Symbol

verstecken sich die Ressourcen des Netzwerkes, soweit Ihr Computer an ein Netzwerk angeschlossen ist. Klicken Sie mit einem Doppelklick auf das Symbol und Sie erhalten dieses Fenster, in dem Sie alle Einstellungen treffen können:

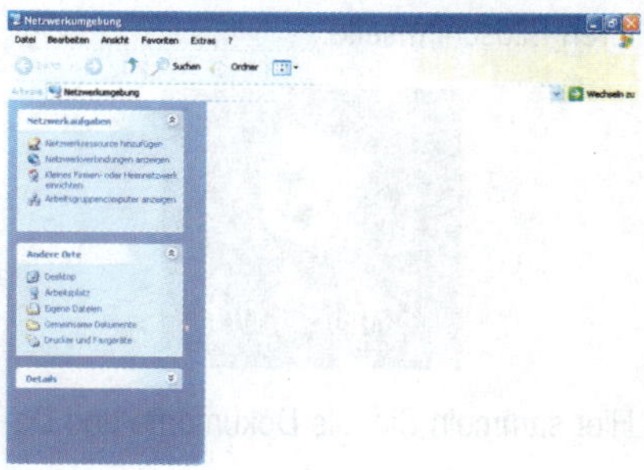

5 Hinter dem nächsten Symbol verbirgt sich der Browser, mit dem Sie im World Wide Web surfen können.

Klicken Sie mit einem Doppelklick auf dieses Symbol, dann wird der Internet Explorer geöffnet.

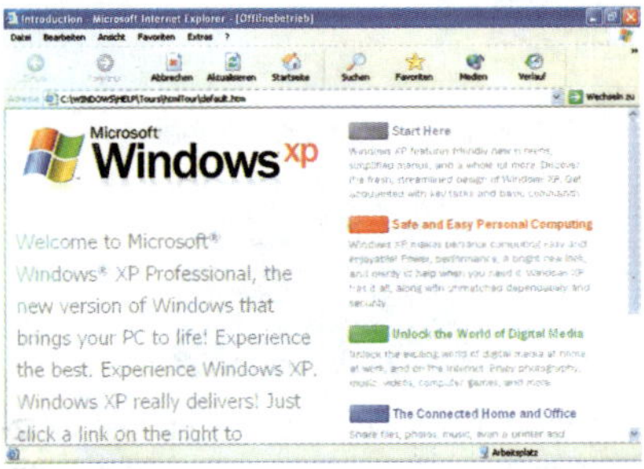

Mehr dazu im Kapitel **Internet**.

6 Den Papierkorb, in den Sie alle zu löschenden Dokumente werfen, finden Sie ab dieser Windows Version auf der rechten unteren Bildschirmseite.

Hier sammeln Sie alle Dokumente und Dateien, die Sie nicht mehr brauchen und löschen diese dann. Der Vorteil ist, Sie können bis zu einer gewissen Zeit Dateien und Dokumente, die Sie in den Papierkorb geworfen haben, auch wieder zurückholen. Klicken Sie dazu mit einem Doppelklick auf das Symbol und es öffnet sich dieses Fenster:

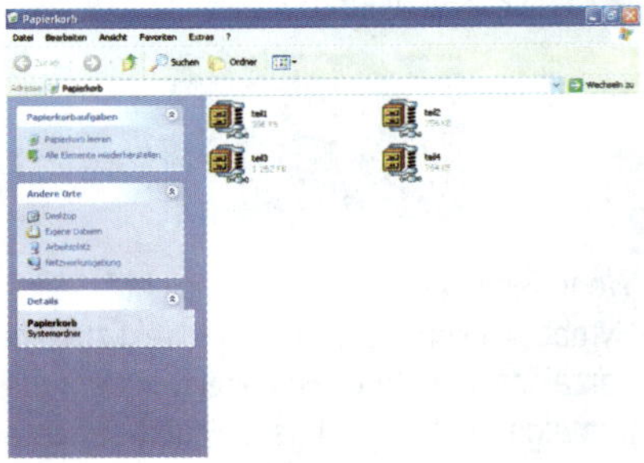

Mehr dazu im nächsten Kapitel.

Taskleiste

1 Am unteren Bildschirmrand finden Sie die Taskleiste.
Diese beginnt auf der linken Seite mit diesem Symbol:

2 Über dieses Symbol können Sie auf das Startmenü zugreifen, indem Sie mit dem Mauszeiger einfach auf dieses Symbol klicken. Es öffnet sich dieses Fenster darüber:

3 Auf der rechten Seite der Taskleiste fin-

den Sie diese Einträge:

Hier werden alle aktiven Funktionen angezeigt. Wenn Sie mit dem Mauszeiger auf diesen Button klicken,

werden auch alle nicht aktiven Symbole angezeigt.

4 Wie Sie die Taskleiste einrichten können, lesen Sie bitte in Kapitel **8** unter dem Punkt **Taskleiste** nach.

Startmenü

Sie können das Startmenü, in dem Sie die wichtigsten Programme und Funktionen des Computers finden, ganz leicht aufrufen. Gehen Sie wie folgt vor:

1 Klicken Sie mit dem Mauszeiger in der Taskleiste auf dieses Symbol

und es öffnet sich dieses Fenster:

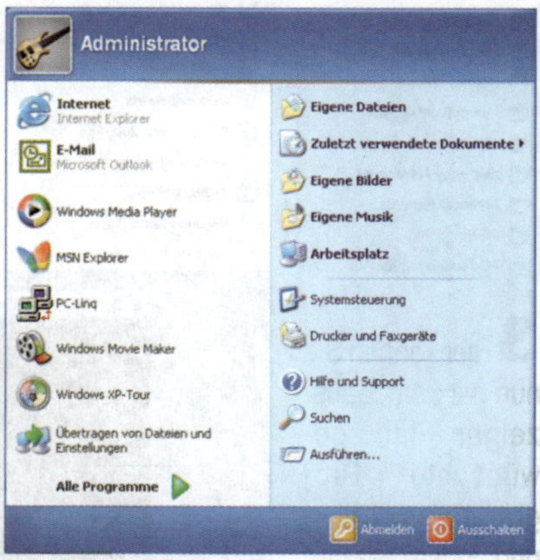

2 Um die Liste aller Programme, die Sie von dem Startmenü aus starten können, abzurufen, bewegen Sie den Mauszeiger einfach auf diesen Eintrag,

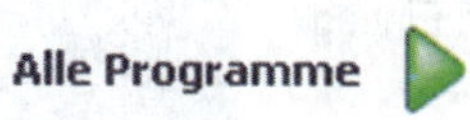

und wenige Sekunden später öffnet sich die Liste mit den Programmen.

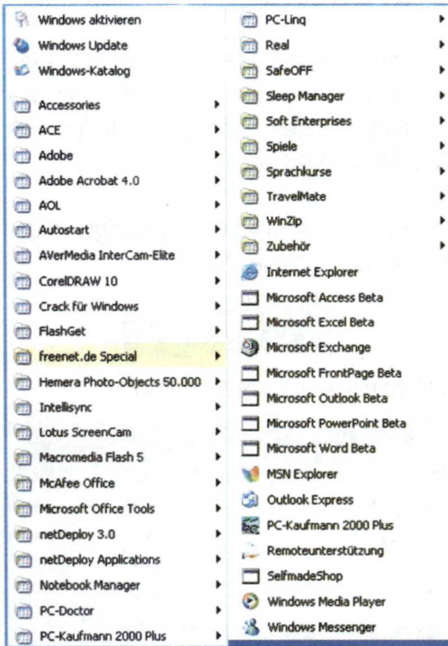

3 Hier können Sie nun mit dem Mauszeiger das gewünschte Programm anwählen und, indem Sie den Mauszeiger auf den Eintrag bewegen, starten. Zum Beispiel: Sie bewegen den Mauszeiger auf folgenden Eintrag

und das Programm öffnet sich.

4 Des Weiteren finden Sie in der linken Spalte des Startmenüs alle zuletzt verwendeten Programme wieder, die Sie geöffnet haben.

Ganz am oberen Rand des Fensters sehen Sie den Benutzer des Systems, unter dem Sie Windows XP gestartet haben.

Haben Sie keinen Benutzer eingerichtet, so sehen Sie den vorstehenden Namen.

5 Auf der rechten Seite des Fensters se-

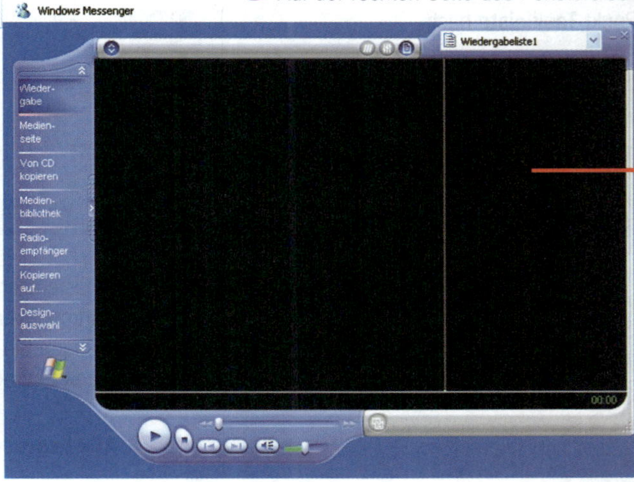

hen Sie alle wichtigen Symbole, die Sie auch auf dem Desktop finden, sowie die Systemsteuerung und vieles mehr.

XP herunterfahren

Wenn Sie mit der Arbeit an Ihrem Computer fertig sind, so müssen Sie Windows XP auch herunterfahren. Wie das geht, lesen Sie hier:

1 Klicken Sie mit dem Mauszeiger auf dieses Symbol, in der unteren linken Ecke des Monitors in der Taskleiste.

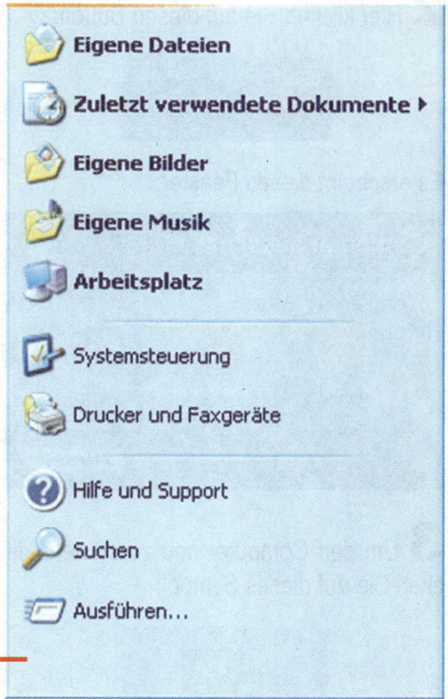

Es öffnet sich dieses Fenster:

2 Hier klicken Sie auf diesen Button:

Es erscheint dieses Fenster:

3 Um den Computer neu zu starten, klicken Sie auf dieses Symbol:

4 Um den Computer in den Standby-Modus zu versetzen, so dass alle Dinge, wie Monitor und Festplatte abgeschalten werden, um Strom zu sparen, aber sobald Sie eine Taste am Computer betätigen, der Computer wieder betriebsbereit wird, klicken Sie auf dieses Symbol:

5 Um den Computer auszuschalten, klicken Sie auf dieses Symbol:

6 Wollen Sie keine der drei angezeigten Funktionen durchführen, so klicken Sie auf diesen Button:

Fenster

Die einzelnen Programme von Windows XP werden in unterschiedlichen Fenstern geöffnet. Doch alle Programmfenster haben eine gewisse Gemeinsamkeit im Umgang mit ihnen. Diese zeigen wir Ihnen in diesem Abschnitt.

1 Öffnen Sie zum Beispiel das Fenster **Eigene Dateien**. Klicken Sie dazu in dem Desktopmenü auf dieses Symbol:

Es öffnet sich dieses Fenster:

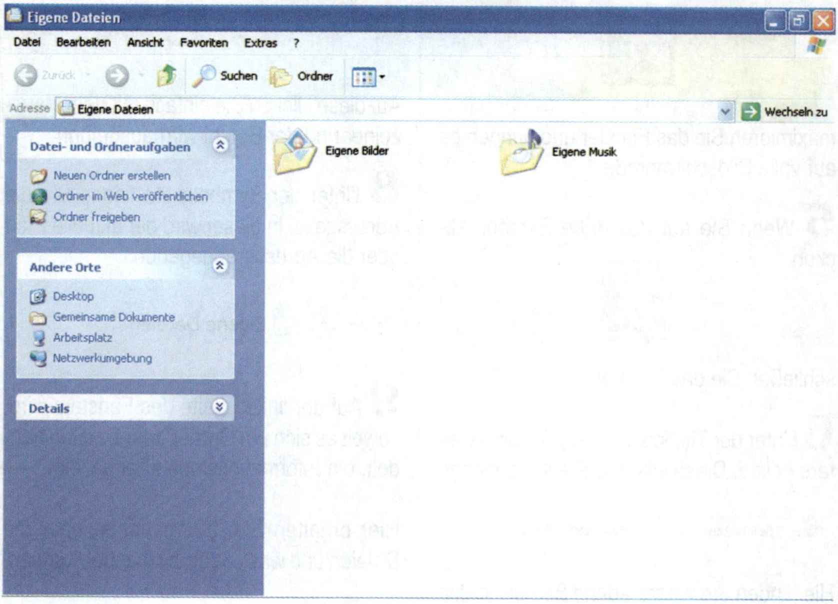

2 In der oberen Zeile des Fensters, am Bildschirmrand, finden Sie die Titelleiste. Auf der linken Seite finden Sie den Titel, der soeben angewählten Funktion, oder den Titel des Programms oder der Datei.

3 Auf der rechten Seite der Titelleiste finden Sie diese drei Symbole:

Von links nach rechts gesehen bedeuten diese Symbole Folgendes: Wenn Sie mit dem Mauszeiger auf das erste klicken,

minimieren Sie das Fenster und finden es in der Taskleiste wieder.

4 Wenn Sie auf das mittlere Symbol klicken,

maximieren Sie das Fenster und bringen es auf volle Bildschirmgröße.

5 Wenn Sie auf das dritte Symbol, klicken,

schließen Sie das Fenster.

6 Unter der Titelleiste finden Sie eine weitere Leiste. Diese wird Menüleiste genannt.

Hier finden Sie verschiedene Befehle in den spezifischen Fenstern angeordnet. So klicken Sie zum Beispiel auf einen Menüpunkt in der Leiste

und es öffnet sich ein weiteres Fenster, in dem die einzelnen Befehle des Menüs anwählbar sind.

7 Unter der Menüleiste befindet sich die Symbolleiste, in der die wichtigsten Befehle des Fensters, in Form von kleinen Symbolen angezeigt werden.

Auf diese klicken Sie einfach mit dem Mauszeiger und der Befehl wird ausgeführt.

8 Unter der Symbolleiste finden Sie die Adresszeile. In dieser wird der aktuelle Pfad oder die Adresse angegeben.

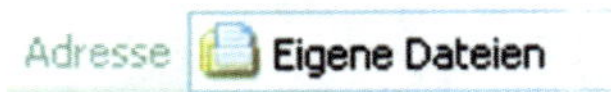

9 Auf der linken Seite des Fensters wird, soweit es sich um Ordner oder Dateien handelt, ein Informationsfenster angezeigt.

Hier erhalten Sie Informationen über die Dateien und was Sie damit machen können.

10 Im linkenTeil des geteilten Fensters

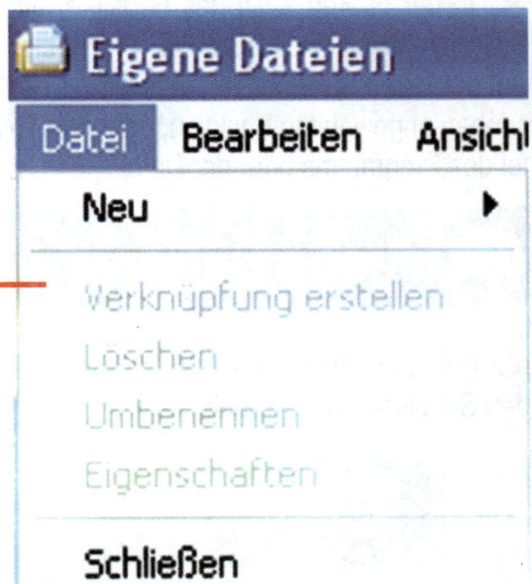

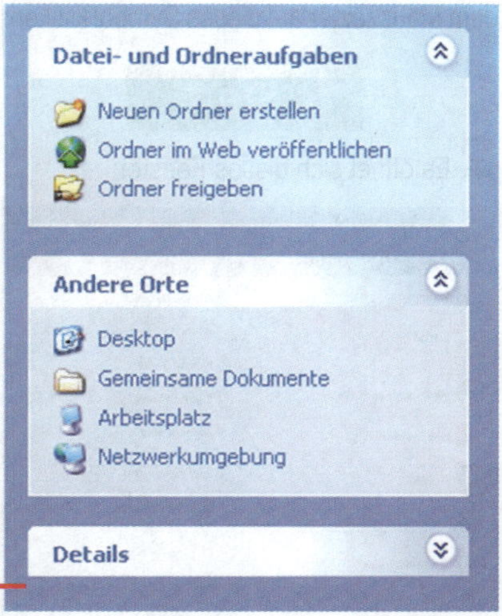

finden Sie die einzelnen Ordner und Dateien mit Symbolen angezeigt oder auch als Liste, je nach Einstellung.

Kontextmenüs

Das sind Fenster, in denen Menüpunkte, die nur in der jeweiligen Situation verfügbar sind, angezeigt werden. Als Kontext gilt dabei das jeweils angewählte Objekt. Das hört sich kompliziert an, ist es aber nicht. Hier ein Beispiel für ein Kontextfenster:

1 Sie klicken in der Desktopoberfläche mit der rechten Maustaste auf dieses Symbol

und es erscheint ein Fenster.

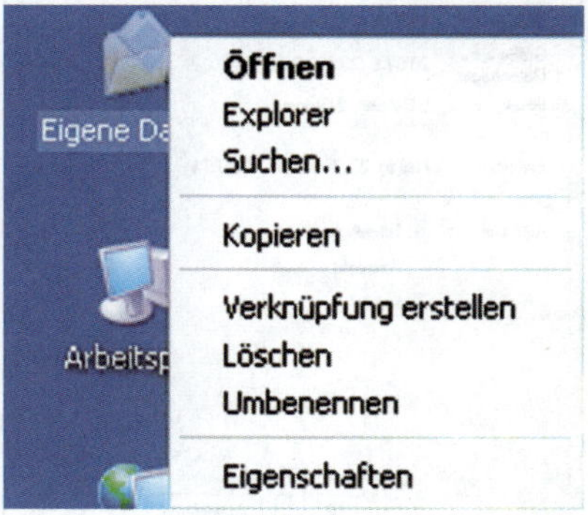

Dieses Fenster bezeichnet man als Kontextfenster. Hier sehen Sie Befehle und Funktionen, die Sie ausführen können.

2 Klicken Sie zum Beispiel auf diesen Eintrag,

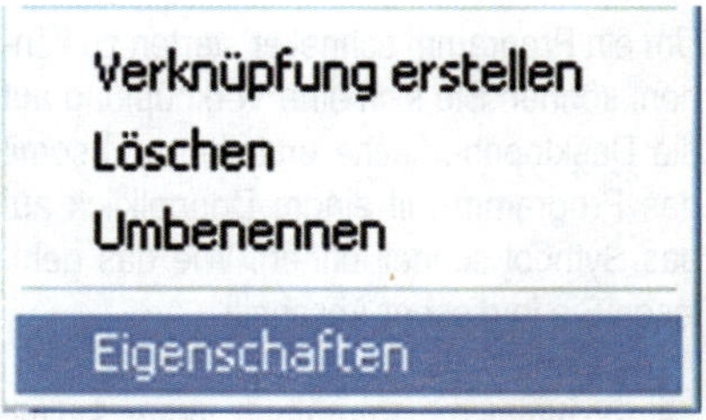

so wird das Fenster **Eigenschaften** des **Eigene Dateien**-Ordners geöffnet.

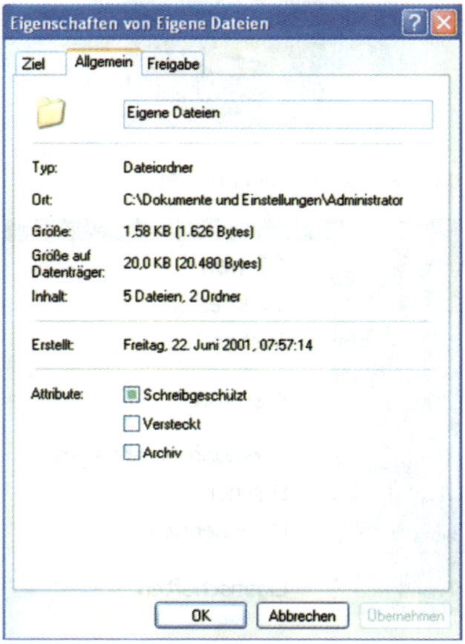

Verknüpfung eines Programms auf die Desktopoberfläche erstellen

Um ein Programm schneller starten zu können, können Sie sich eine Verknüpfung auf die Desktopoberfläche erstellen und somit das Programm mit einem Doppelklick auf das Symbol schnell öffnen. Wie das geht, lesen Sie in diesem Abschnitt.

1 Sie öffnen das Startmenü, indem Sie mit dem Mauszeiger auf dieses Symbol klicken:

2 Es öffnet sich dieses Fenster:

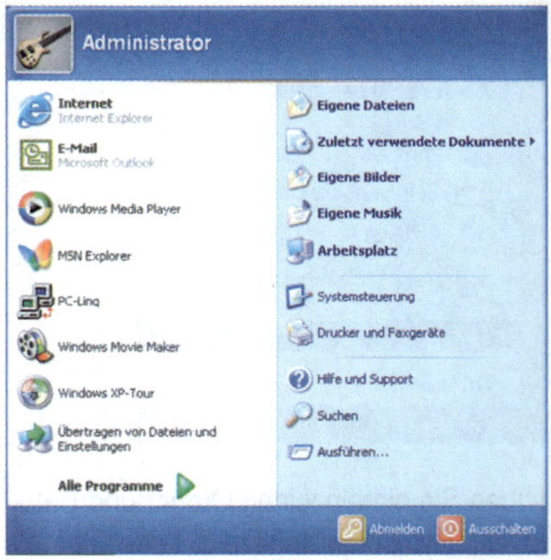

Hier klicken Sie auf diesen Eintrag:

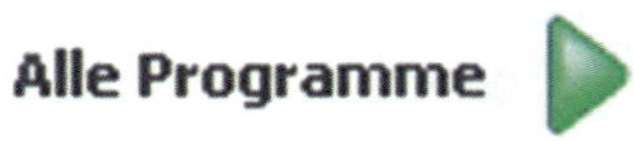

Es öffnet sich das Programmfenster.

3 Hier wollen Sie nun von Ihrem Lieblingsspiel eine Verknüpfung auf den Desktop erstellen. Also bewegen Sie den Mauszeiger auf diesen Eintrag

und es öffnet sich ein Fenster rechts daneben. In diesem bewegen Sie den Mauszeiger auf den gewünschten Eintrag

und klicken nun mit der rechten Maustaste auf den Eintrag. Es öffnet sich ein Kontextfenster.

In diesem bewegen Sie den Mauszeiger auf folgenden Eintrag:

Daneben öffnet sich ein weiteres Fenster, in dem Sie auf diesen Eintrag klicken:

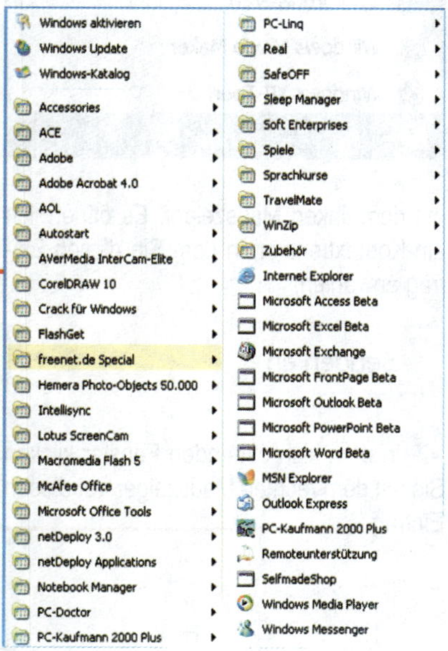

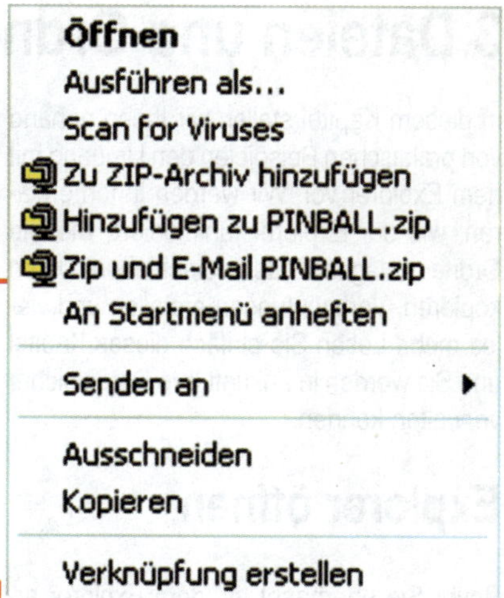

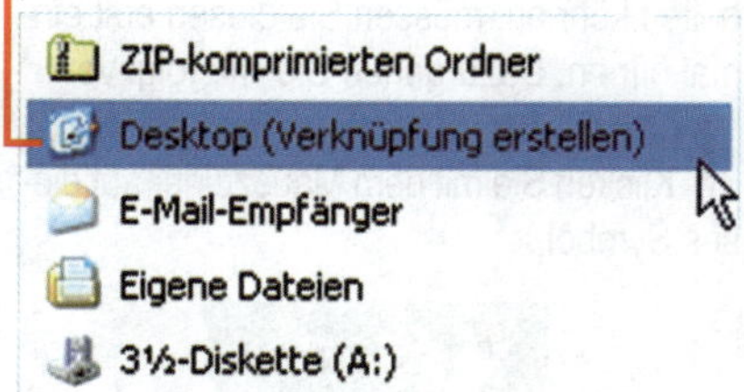

4 Nun wird auf dem Desktop das Symbol angelegt.

Mit einem Doppelklick auf dieses Symbol können Sie nun das Programm öffnen.

3 Dateien und Ordner verwalten

In diesem Kapitel stellen wir Ihnen anhand von praktischen Beispielen den Umgang mit dem Explorer vor. Wir werden Ihnen erklären, wie der Explorer funktioniert, wie Sie Ordner anlegen, Daten verschieben, Daten kopieren, Verknüpfungen erstellen und vieles mehr. Lesen Sie einfach dieses Kapitel und Sie werden in Zukunft Ihre Daten sicher verwalten können.

Explorer öffnen

Bevor Sie überhaupt mit dem Explorer arbeiten können, müssen Sie diesen erst einmal öffnen. Dazu gehen Sie wie folgt vor:

1 Klicken Sie mit dem Mauszeiger auf dieses Symbol,

dann führen Sie den Mauszeiger auf diesen Eintrag

und weiter zu diesem Eintrag:

Hier klicken Sie auf diesen Eintrag mit dem Mauszeiger.

Der Explorer öffnet sich.

2 Wenn Sie in Zukunft nicht mehr diesen langen Weg gehen möchten, so klicken Sie auf diesen Eintrag

mit dem linken Mauszeiger. Es öffnet sich ein Kontextfenster, in dem Sie diesen Eintrag anwählen:

3 In dem sich öffnenden Fenster klicken Sie mit dem rechten Mauszeiger auf diesen Eintrag

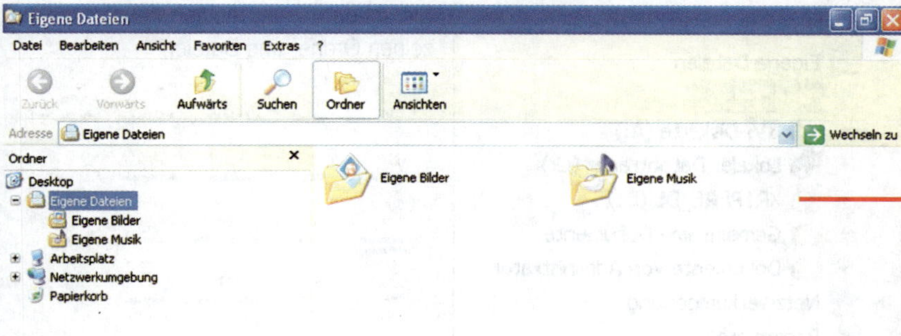

und Sie sehen in Ihrem Desktoparbeitsplatz dieses Symbol:

4 Hier brauchen Sie in Zukunft nur noch

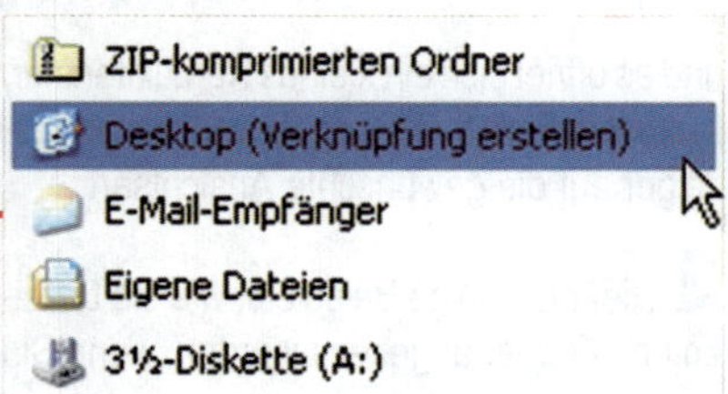

mit einem Doppelklick darauf zu drücken, um den Explorer zu starten.

Der Explorer

1 Wenn Sie den Explorer geöffnet haben, sehen Sie dieses Fenster und zuerst wird der Ordner mit den eigenen Dateien geöffnet.

2 Um auf den Arbeitsplatz mit Ihren Laufwerken und der Systemsteuerung zu wechseln, klicken Sie auf folgenden Eintrag:

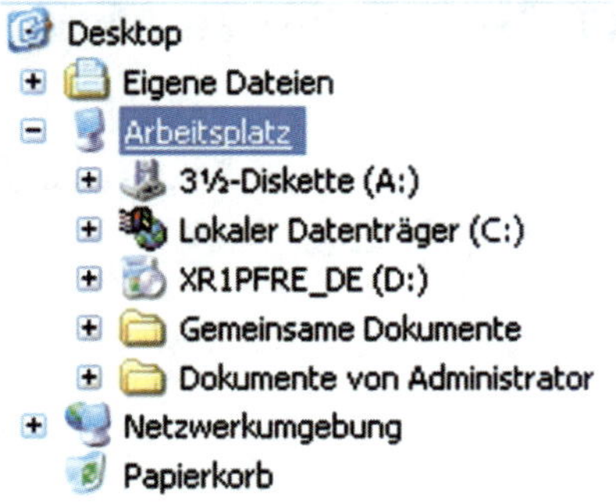

Nun sehen Sie im rechten Teilfenster die einzelnen Datenträger.

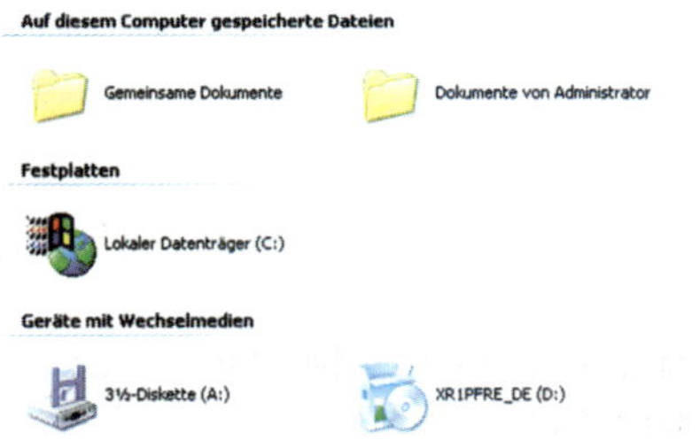

3 Um auf die einzelnen Datenträger, zum Beispiel der Festplatte **C:** zugreifen zu können, klicken Sie in dem linken Fensterteil auf dieses Symbol:

Sie sehen nun im rechten Fenster die einzelnen Ordner und Dateien.

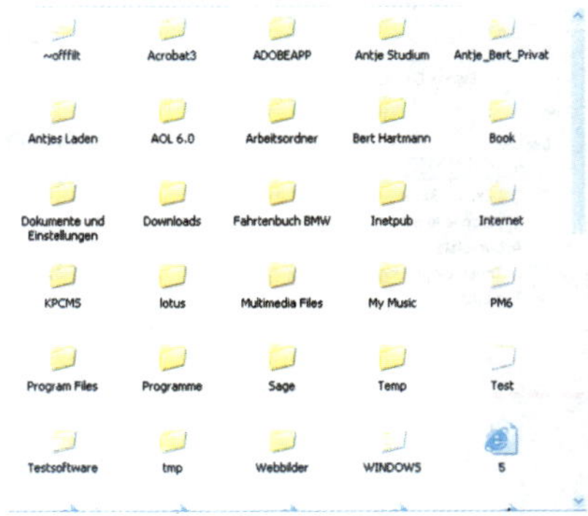

Ansicht der Ordner und Dateien öffnen

Wie die Ordner im Explorer angezeigt werden, hängt von der Einstellung ab. Sie können folgende Einstellungen vornehmen:

1 Klicken Sie in der Symbolleiste des Explorers auf dieses Symbol mit dem linken Mauszeiger

und es öffnet sich ein kleines Kontextfenster. In diesem Fenster klicken Sie mit dem Mauszeiger auf die gewünschte Ansichtsart.

2 Hier nun einige Beispiele, wie die Dateien und Ordner angezeigt werden, wenn Sie die verschiedenen Ansichten wählen.

3 Wählen Sie diese Ansichtsart,

so werden alle Dokumente, Bilder und Dateien mit kleinen Inhaltsabbildungen angezeigt.

Wenn Sie in einem Ordner Bilder gespeichert haben, so werden einige Bilder des Ordners angezeigt.

4 Wenn Sie nun mit einem Doppelklick den Ordner öffnen, so sehen Sie die Unterordner dieses Ordners.

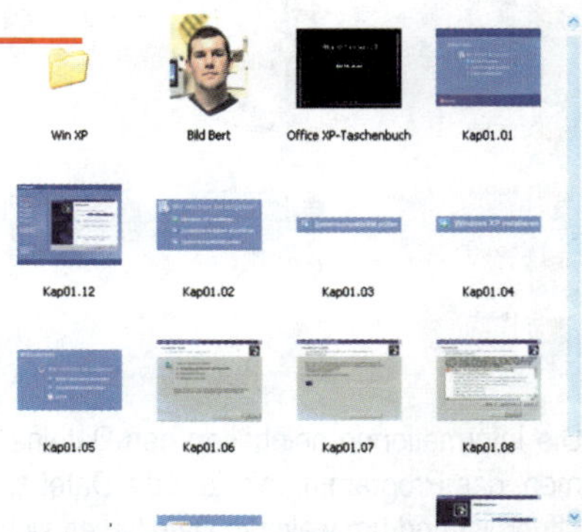

Hier in diesem Ordner sind nun viele Bilder vorhanden, von denen Sie eine kleine

Miniaturdarstellung sehen.

5 Wollen Sie die Bilder nicht einzeln mit einer Miniaturdarstellung sehen, sondern eher Informationen zu den einzelnen Dokumenten erhalten, so klicken Sie auf diese Ansicht

und Sie sehen zu jeder Datei eine kleine Information.

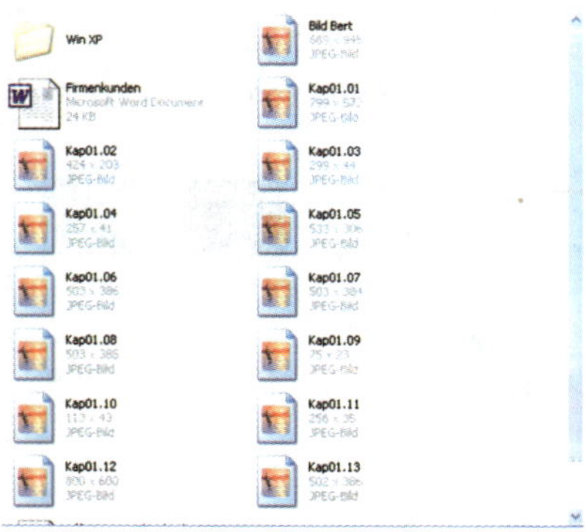

Die Informationen beinhalten den Dateinamen, das Programm, mit dem die Datei zu öffnen ist und um welchen Dateityp es sich handelt, sowie die Größe der Datei.

6 Eine weitere Art der Ansicht ist die Symbolansicht. Wählen Sie dazu diesen Eintrag

und die Dateien und Ordner werden nun so präsentiert:

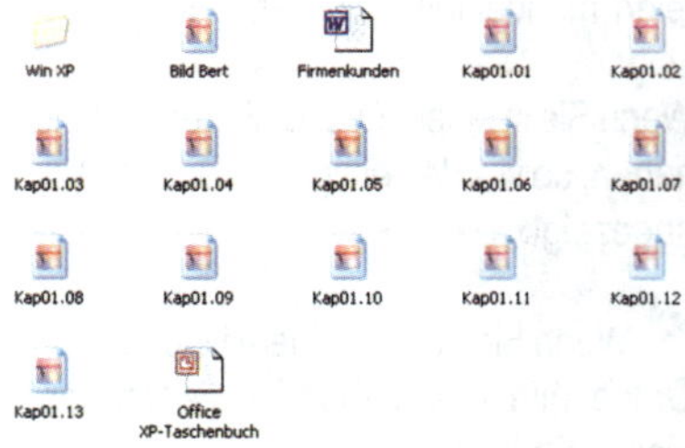

7 Wenn Sie die Dateien kurz und knapp in einer Liste sortiert sehen möchten, so wählen Sie diese Ansicht

und die Dateien werden so präsentiert:

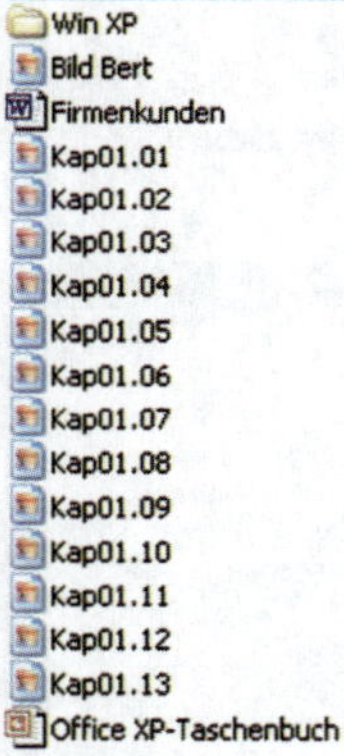

8 Um die Details der Dateien zu sehen, wie Größe der Datei, Dateityp, Dateiname und Datum der Änderung, wählen Sie diese Ansicht

und die Liste wird so präsentiert:

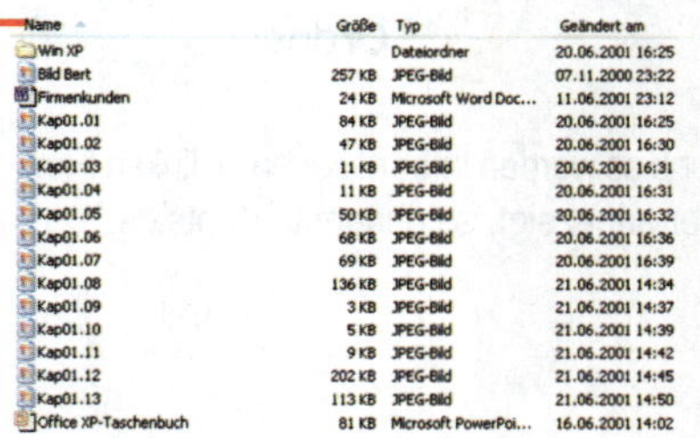

Name	Größe	Typ	Geändert am
Win XP		Dateiordner	20.06.2001 16:25
Bild Bert	257 KB	JPEG-Bild	07.11.2000 23:22
Firmenkunden	24 KB	Microsoft Word Doc...	11.06.2001 23:12
Kap01.01	84 KB	JPEG-Bild	20.06.2001 16:25
Kap01.02	47 KB	JPEG-Bild	20.06.2001 16:30
Kap01.03	11 KB	JPEG-Bild	20.06.2001 16:31
Kap01.04	11 KB	JPEG-Bild	20.06.2001 16:31
Kap01.05	50 KB	JPEG-Bild	20.06.2001 16:32
Kap01.06	68 KB	JPEG-Bild	20.06.2001 16:36
Kap01.07	69 KB	JPEG-Bild	20.06.2001 16:39
Kap01.08	136 KB	JPEG-Bild	21.06.2001 14:34
Kap01.09	3 KB	JPEG-Bild	21.06.2001 14:37
Kap01.10	5 KB	JPEG-Bild	21.06.2001 14:39
Kap01.11	9 KB	JPEG-Bild	21.06.2001 14:42
Kap01.12	202 KB	JPEG-Bild	21.06.2001 14:45
Kap01.13	113 KB	JPEG-Bild	21.06.2001 14:50
Office XP-Taschenbuch	81 KB	Microsoft PowerPoi...	16.06.2001 14:02

9 Es gibt noch eine weitere Art der Ansicht. Wenn Sie zum Beispiel einen Ordner nur mit Bildern haben, so gibt es eine spezielle Ansicht und zwar diese:

Hier werden die Dateien wie folgt angezeigt:

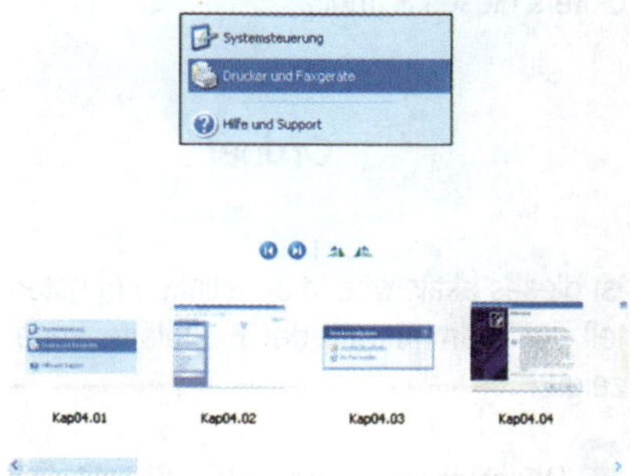

Im oberen Teil des Fensters sehen Sie das Bild etwas größer dargestellt und im unteren werden die Bilder in einer Dialeiste präsentiert. Wenn Sie auf diese Symbole klicken, können Sie von Bild zu Bild springen.

Mit Hilfe dieser Symbole können Sie die Bilder sogar drehen.

Ordner Symbol

1 Sie haben in der Symbolleiste des Explorers dieses Symbol:

Ist dieses aktiv, wird in dem linken Fensterteil der Stammbaum der Festplatte angezeigt.

2 Deaktivieren Sie es, indem Sie mit dem Mauszeiger auf dieses klicken, so dass es so aussieht

und es werden Informationen im linken Fenster angezeigt, so genannte Kontexte.

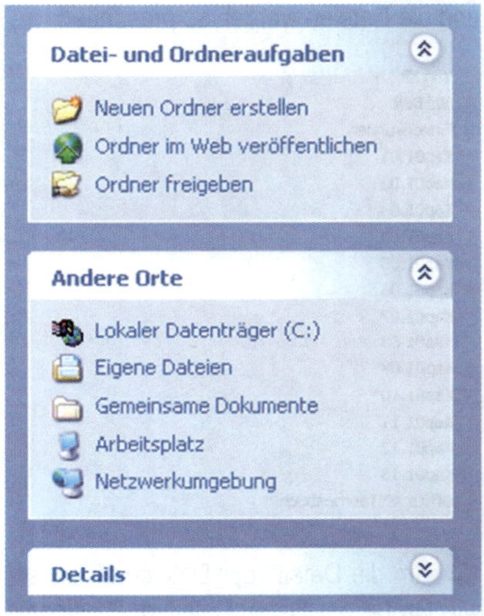

3 Hier können Sie nun über den Umgang mit dem Ordner und deren Dateien verfügen.

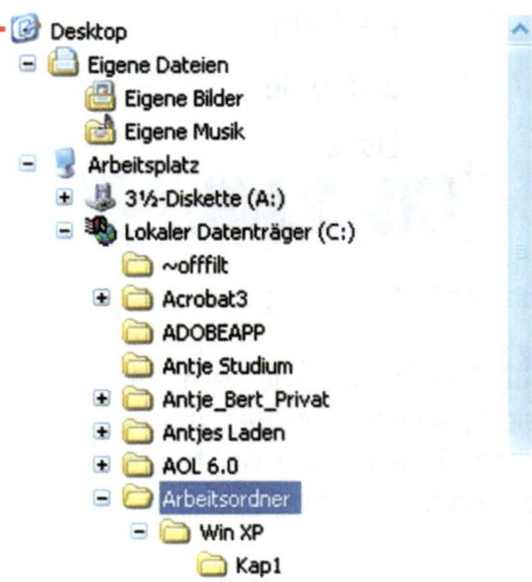

Ordner anlegen

Wenn Sie Ihre Festplatte auch in Zukunft noch im Griff haben möchten und nicht irgendwann in einer Flut von Daten, wo Sie nicht mehr wissen, wo diese hingehören, versinken möchten, so sollten Sie sich für Ihre Daten Ordner anlegen, wo Sie die Daten hineinspeichern und immer schnell wiederfinden.

1 Wenn zum Beispiel mehrere Familienmitglieder einen Computer benutzen, so sollten Sie für jeden einen eigenen Ordner anlegen, wo er seine Daten ablegen kann. So geben Sie in der Adresszeile diesen Eintrag ein:

Jetzt befinden Sie sich auf der Festplatte **C:**.

2 Klicken Sie mit dem Mauszeiger in dem linken Teilfenster auf diesen Eintrag:

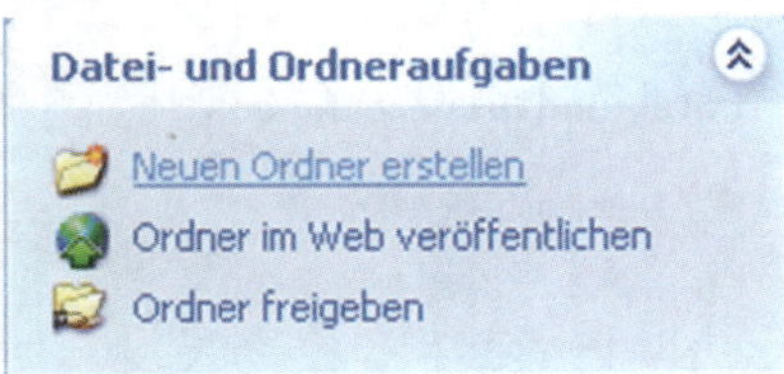

3 Nun wird im rechten Teilfenster ein neuer Ordner angelegt.

Ordner und Dateien umbenennen

Sie haben nun einen eigenen Ordner oder auch eine Datei angelegt und möchten diese umbenennen. Gehen Sie wie folgt vor:

1 Aktivieren Sie den Ordner oder die Datei, indem Sie entweder einmal mit dem Mauszeiger auf diese klicken oder einfach nur den Mauszeiger auf den Eintrag legen.

Nun drücken Sie diese Taste auf der Tastatur:

2 Der Eintrag wird blau markiert,

und Sie können nun über die Tastatur einen neuen Namen eingeben. Zum Beispiel:

Dateien verschieben

Wenn Sie Daten von einem Ordner in einen anderen verschieben, wird die Datei aus dem Originalordner in den neuen Ordner bewegt und ist dann nur in dem neuen Ordner vorhanden.

1 Sie haben Daten auf Ihrer Festplatte, die Sie gern in einen anderen Ordner verschieben möchten, dann klicken Sie einmal mit dem Mauszeiger auf die Datei. Zum Beispiel:

Dann klicken Sie mit dem Mauszeiger in dem linken Fenster auf diesen Eintrag:

2 Es öffnet sich ein Fenster, in dem Sie

den Ordner auswählen, in den die Datei verschoben werden soll.
Zum Beispiel:
Dann klicken Sie auf diesen Button:

3 Die Datei befindet sich nun in dem neuen Ordner.

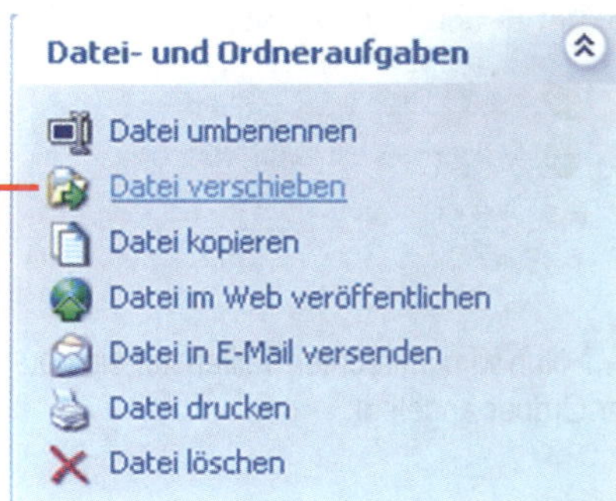

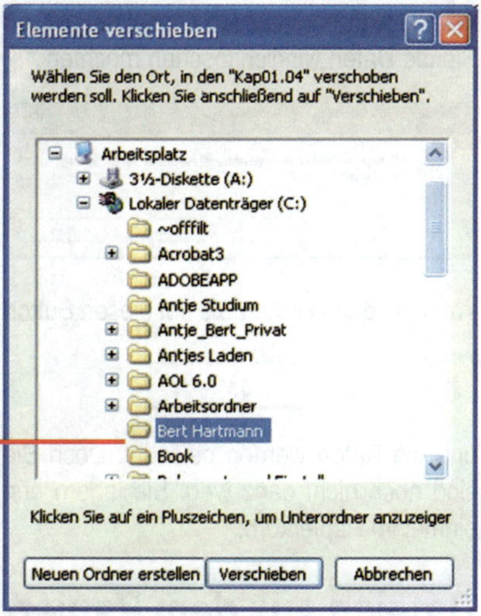

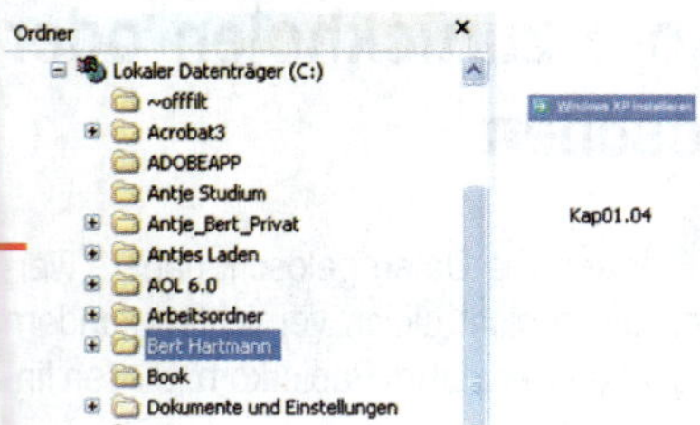

Dateien kopieren

Wenn Sie eine Datei von einem Ordner in den anderen Ordner kopieren, bleibt die Datei sowohl in dem einen als auch in dem neuen Ordner als komplette Datei vorhanden. Sie liegt somit doppelt vor.

1 Klicken Sie mit dem Mauszeiger auf die Datei oder den Ordner, den Sie in einen anderen Ordner kopieren wollen. Zum Beispiel:

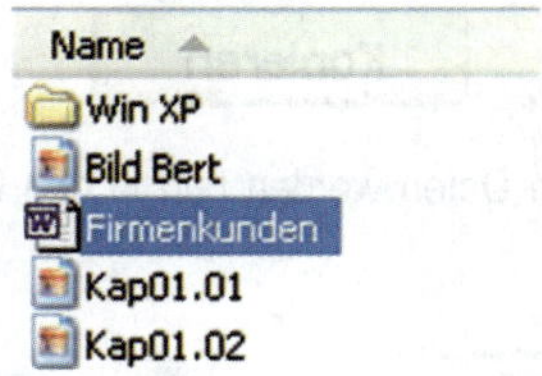

Dann klicken Sie mit dem Mauszeiger in dem linken Teilfenster auf diesen Eintrag:

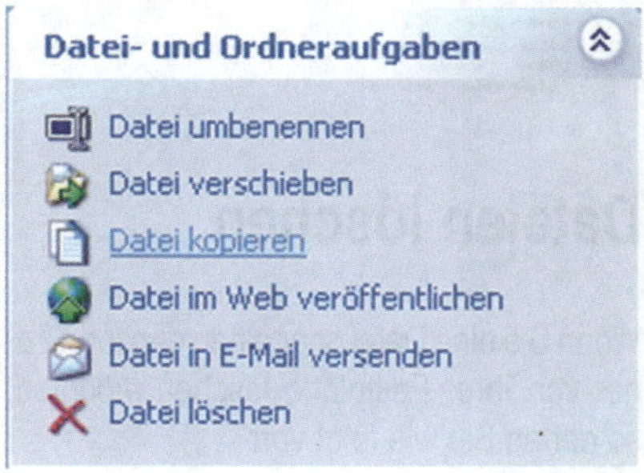

2 Es öffnet sich ein neues Fenster:

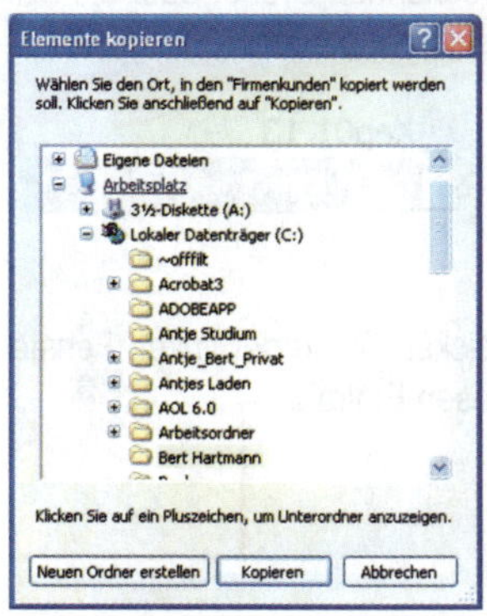

Hier wählen Sie den Ordner aus, in den Sie die Datei kopieren möchten und klicken dann auf diesen Button:

3 Die Daten werden nun in den Ordner kopiert.

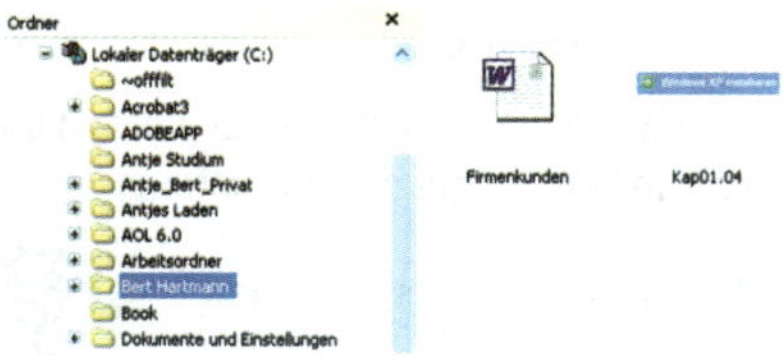

Dateien löschen

Wenn Sie eine Datei oder einen ganzen Ordner von Ihrer Festplatte löschen möchten, so gehen Sie wie folgt vor:

1 Klicken Sie mit dem Mauszeiger auf den entsprechenden Ordner oder die Datei, die Sie löschen möchten.

Nun klicken Sie in der linken Fensterhälfte auf diesen Eintrag:

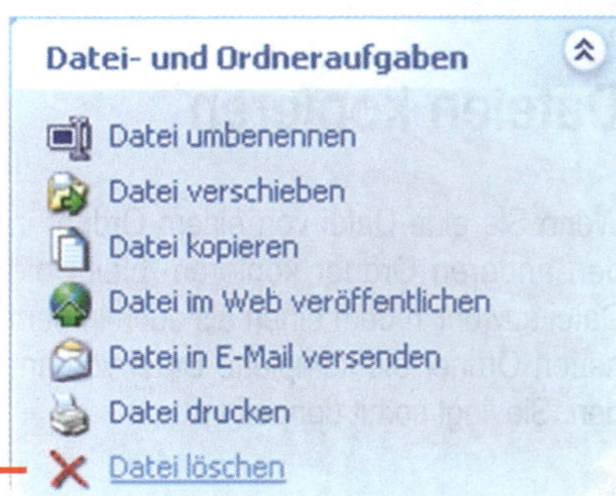

2 Sie werden nun noch einmal gefragt, ob Sie die Daten wirklich löschen möchten.

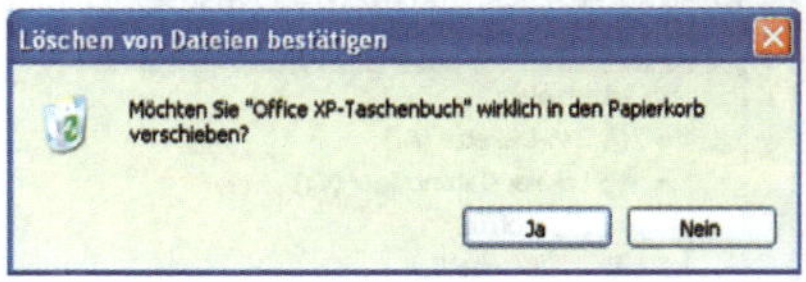

Wenn ja, dann klicken Sie auf diesen Button

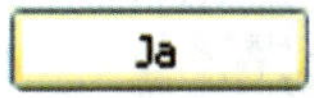

und die Daten werden gelöscht. Doch Sie sind noch nicht ganz weg. Sie lagern erst einmal im Papierkorb.

Dateien aus dem Papierkorb zurückholen oder löschen

1 Wenn Sie Daten gelöscht haben, werden diese nicht gleich vernichtet, sondern lagern erst einmal im Papierkorb. Diesen finden Sie zum Beispiel im Desktopmenü oder auch im Explorer. Im Explorer finden Sie diesen ganz am Ende der Dateien.

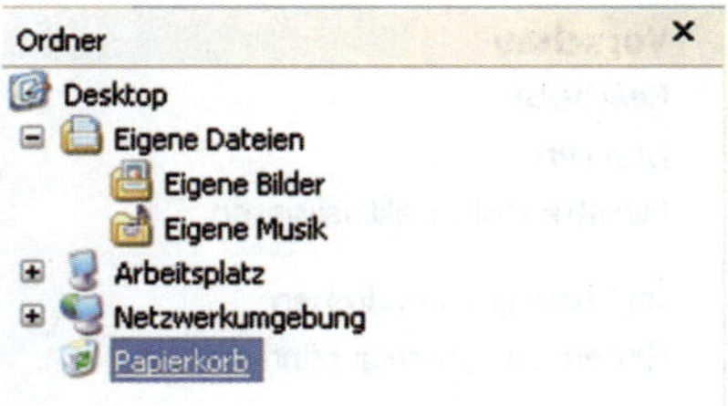

Auf der rechten Seite des Fensters sehen Sie nun die im Papierkorb befindlichen Dateien.

Deaktivieren Sie nun das Ordner-Symbol, so dass Sie auf der linken Seite des Fensters wieder die Informationen erhalten.

2 Sie haben nun die Möglichkeit, die Daten endgültig zu löschen oder die Daten wieder herzustellen. Wenn Sie die Daten wieder herstellen möchten und sie in den alten Ordner, aus dem Sie diese gelöscht haben, zurückspielen möchten, so klicken Sie mit dem Mauszeiger auf die Datei oder den Ordner, den Sie zurückspielen möchten.

Klicken Sie dann in dem Informationsfenster auf diesen Button:

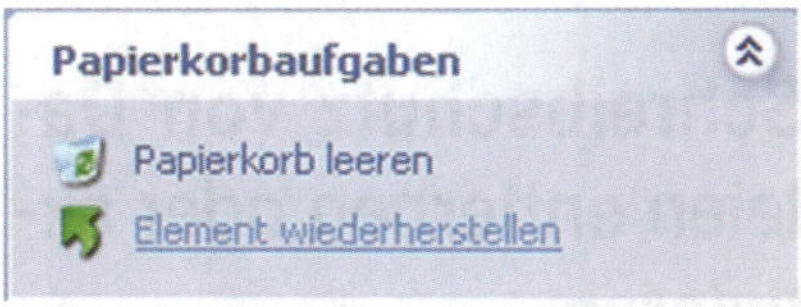

Die Daten werden nun wieder zurückgespielt.

3 Alle Daten, die Sie nun wirklich löschen möchten, können Sie gemeinsam löschen,

indem Sie in diesem Fenster, auf diesen Eintrag klicken:

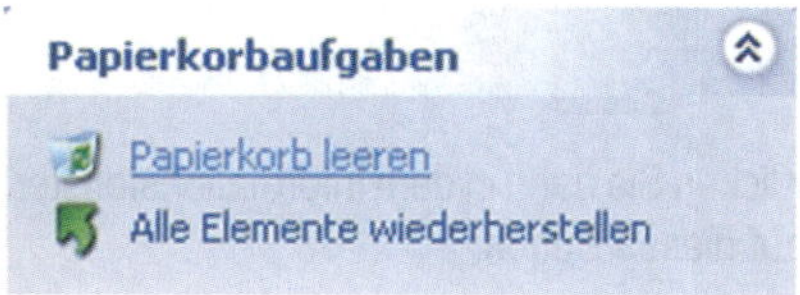

Schreibschutz von Dateien entfernen oder aktivieren

Sie können Daten mit einem Schreibschutz versehen. Dann sind diese Daten zwar lesbar, können aber nicht überschrieben werden. Das ist ein Sicherheitsaspekt, wenn Sie zum Beispiel Daten haben, wie ein wichtiges Word Dokument, was Sie auf keinen Fall überschreiben möchten. Dann versehen Sie dieses mit einem Schreibschutz. Gehen Sie wie folgt vor:

1 Klicken Sie einmal mit dem Mauszeiger auf die Datei

und klicken Sie mit dem linken Mauszeiger noch einmal auf die Datei. Es öffnet sich ein Kontextmenü.

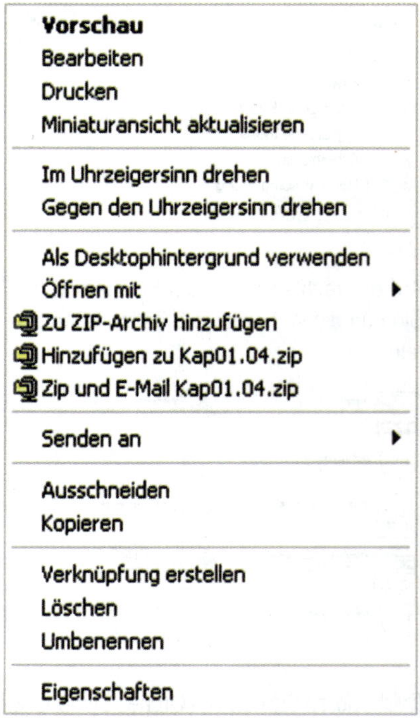

Hier wählen Sie diesen Eintrag an:

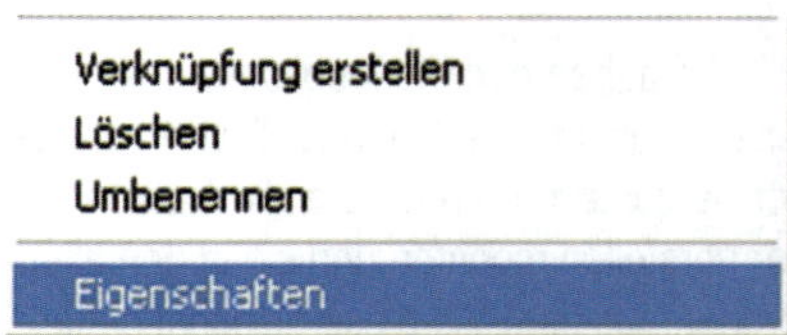

2 Es öffnet sich dieses Fenster:

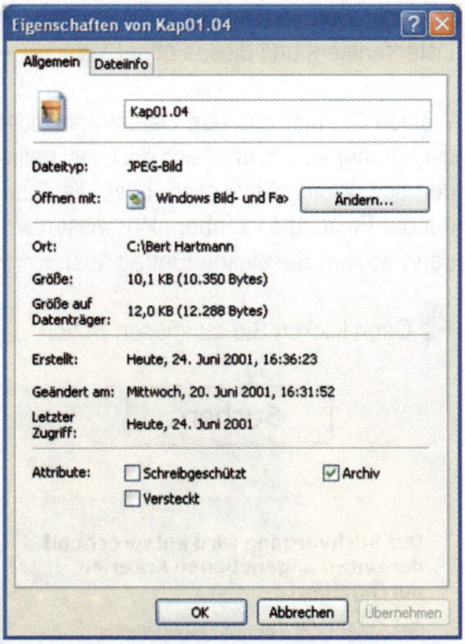

Hier aktivieren Sie folgendes Kontrollkästchen oder deaktivieren es, je nachdem, was Sie vorhaben.

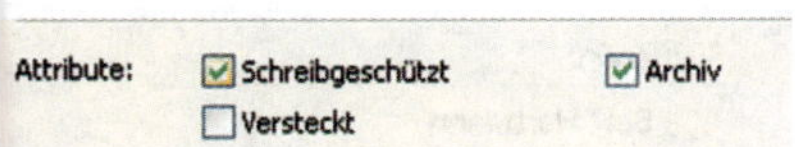

3 Dann klicken Sie auf diesen Button

und die Datei ist Schreibgeschützt oder nicht mehr. Je nachdem, ob Sie das Kontrollkästchen aktiviert haben, oder nicht.

4 Wenn Sie mehrere Dateien mit einem Schreibschutz versehen möchten, dann markieren Sie diese einfach alle

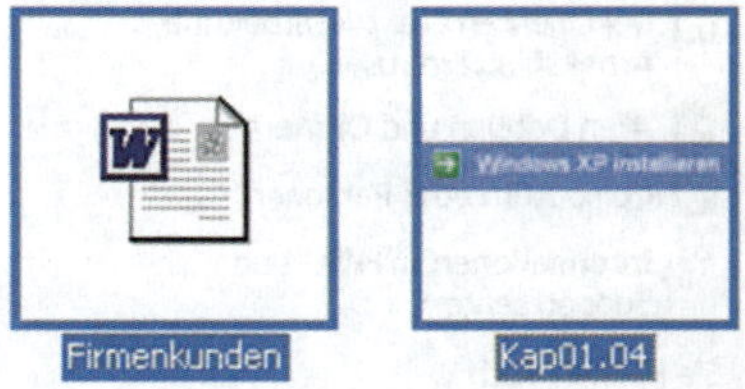

und gehen genau wie eben beschrieben vor.

Datei suchen

Wenn Sie Dateien, Bilder oder Dokumente auf Ihrer Festplatte suchen, dann gehen Sie wie folgt vor:

1 Klicken Sie mit dem Mauszeiger in der Symbolleiste des Explorers auf dieses Symbol:

Im linken Teilfenster öffnet sich folgendes Fenster:

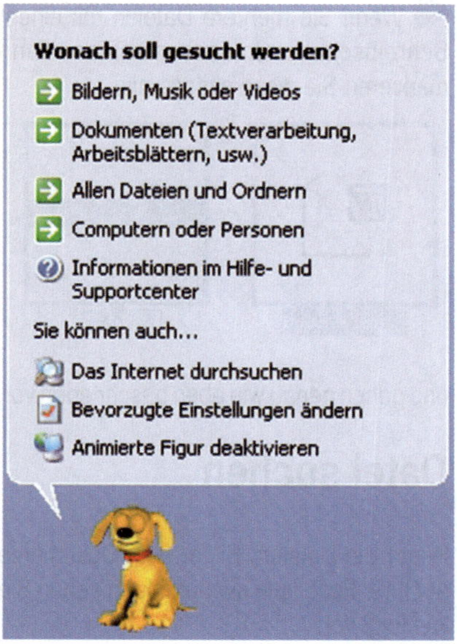

2 Wählen Sie hier aus, nach was für einer Datei Sie suchen. Suchen Sie allgemein nach einer Datei, so klicken Sie auf diesen Eintrag:

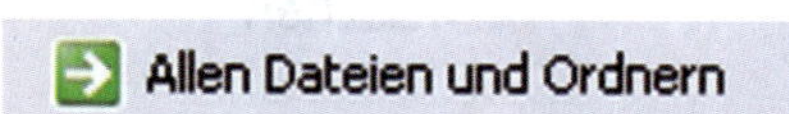

Es öffnet sich dieses Fenster:

3 Geben Sie in dieser Zeile den Namen der Datei ein. Zum Beispiel:

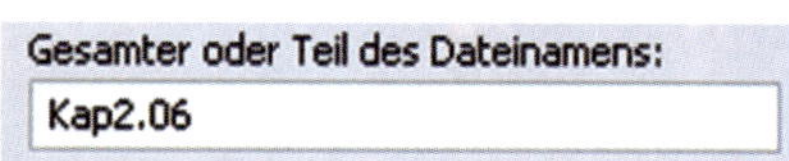

In dieser Zeile klicken Sie auf den Pfeil des Listenfensters und dieses öffnet sich:

Wählen Sie hier nun den Datenträger oder den Ordner aus, in dem sich die Datei befinden soll. Wenn Sie wissen, dass die Datei auf der Festplatte ist, aber nicht wissen wo, dann wählen Sie diesen Eintrag aus:

4 Dann klicken Sie auf diesen Button

und die Datei wird gesucht. Es wird die Festplatte oder der gewählte Datenträger und Ordner durchsucht. Dieser Vorgang kann eine Weile dauern.

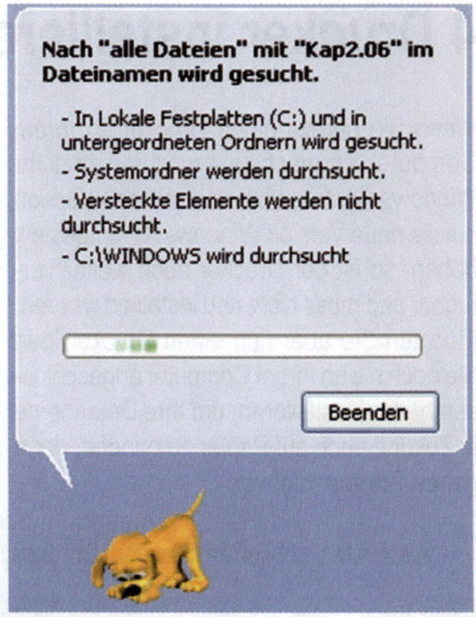

5 Wird die Datei gefunden, sehen Sie die gefundene Datei auf der rechten Seite des Fensters.

4 Drucker installieren

Wenn Sie bereits einen Drucker an Ihrem Computer angeschlossen hatten und Ihr Windows System von einer älteren Version auf die neue Version Windows XP umgestellt haben, so ist der Drucker auch weiter verfügbar und muss nicht neu installiert werden. Möchten Sie aber nun einen Drucker, den Sie noch nie an Ihrem Computer angeschlossen hatten, installieren, um Ihre Dokumente in Zukunft auch auf Papier zu bringen, dann gehen Sie wie folgt vor:

1 Als Erstes schließen Sie den Drucker per Kabel an Ihren Computer an und stecken den Stromstecker des Druckers in die Steckdose, so dass er betriebsbereit ist.

2 Jetzt klicken Sie mit dem Mauszeiger auf diesen Button, am unteren linken Rand des Bildschirms.

In dem sich öffnenden Fenster klicken Sie auf diesen Eintrag:
Es öffnet sich dieses Fenster:

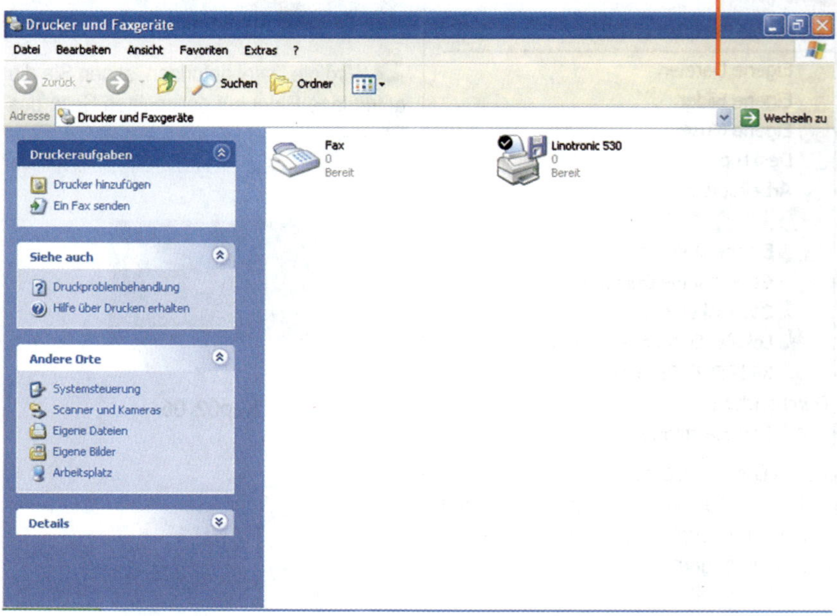

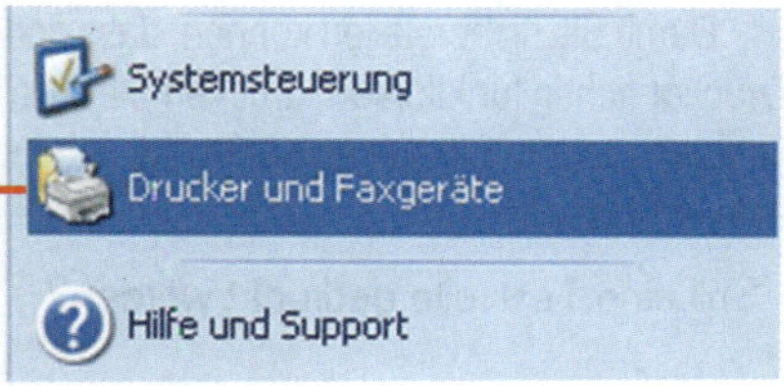

3 Hier klicken Sie mit dem Mauszeiger in dem linken Teil des Fensters auf diesen Eintrag:

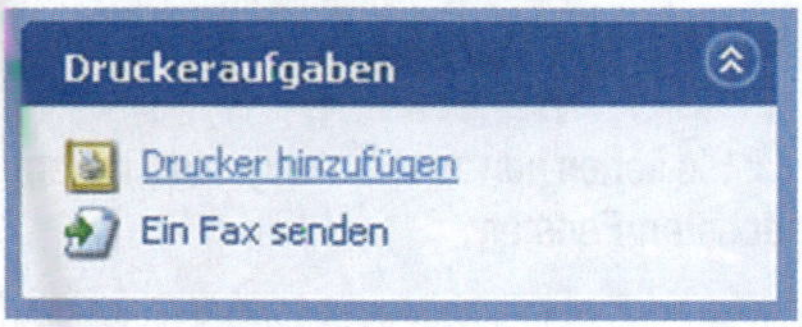

Es öffnet sich das Fenster **Druckerinstallations-Assistent**.

Hier klicken Sie auf diesen Button:

4 Sie sehen nun dieses Fenster:

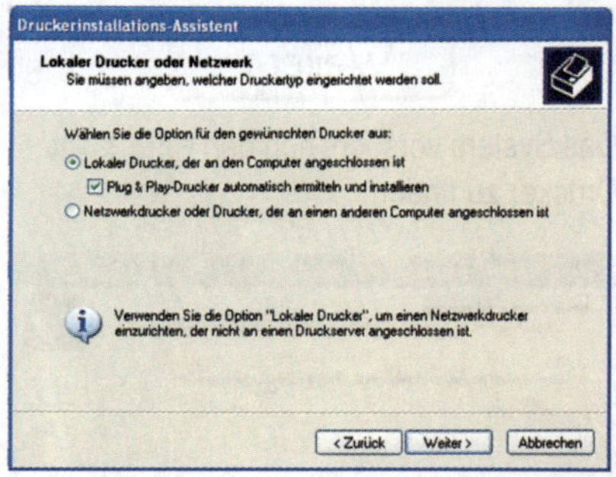

Legen Sie hier fest, um was für einen Drucker es sich handelt. Ist es ein Drucker, der nur an Ihrem Computer angeschlossen ist und nicht im Netzwerk agieren soll, so aktivieren Sie dieses Kontrollkästchen:

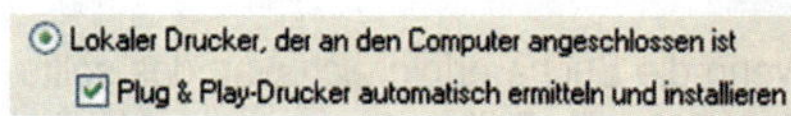

Das Plug & Play-Druckererkennungskästchen aktivieren Sie gleich mit. Damit nimmt Ihnen Windows viel Arbeit ab und erkennt den Drucker gegebenenfalls selbst.

5 Wenn Sie den Drucker im Netzwerk verwenden möchten, so aktivieren Sie dieses Kontrollkästchen:

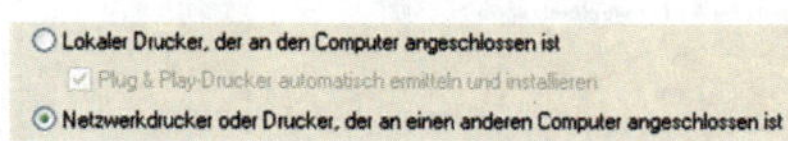

Doch widmen wir uns nun erst einmal der lokalen Druckerinstallation.

6 Sie haben sich für den lokalen Drucker entschieden, das Kontrollkästchen aktiviert, und klicken nun auf diesen Button:

Das System versucht nun den Plug & Play-Drucker zu finden.

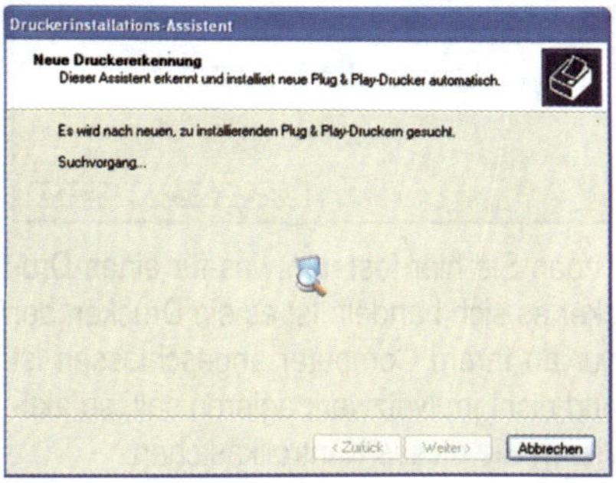

Wenn die Suche erfolgreich war, das sollte sie in 99% aller Fälle sein, vorausgesetzt der Drucker ist am Computer angeschlossen, betriebsbereit und nicht älter als 5 Jahre, so sehen Sie dieses Fenster:

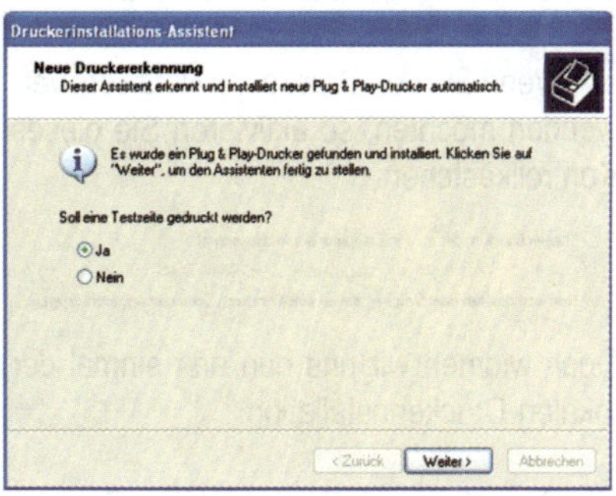

7 Damit Sie sicherstellen können, dass der Drucker richtig funktioniert, drucken Sie eine Testseite, indem Sie dieses Kontrollkästchen aktiviert lassen

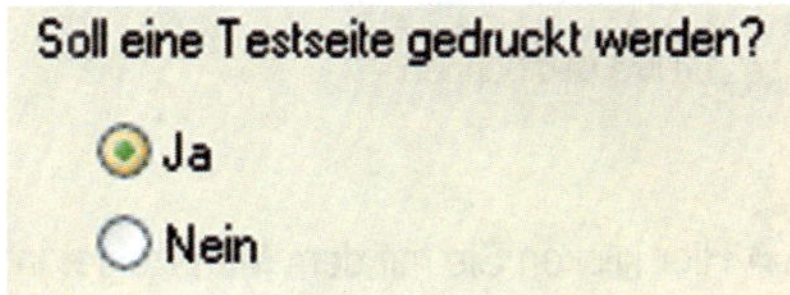

und dann auf diesen Button klicken:

8 Sie sehen nun zusammengefasst in dem nächsten Fenster,

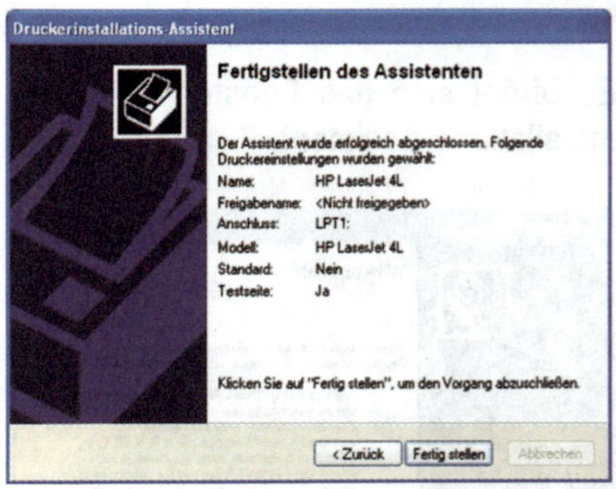

welchen Drucker Windows XP gefunden hat, wo er angeschlossen ist und so weiter. Sind alle Angaben Ihrer Meinung nach richtig, so drücken Sie auf diesen Button:

9 Die Installation ist nun beendet und es wird die Testseite gedruckt. Dazu sehen Sie dieses Fenster:

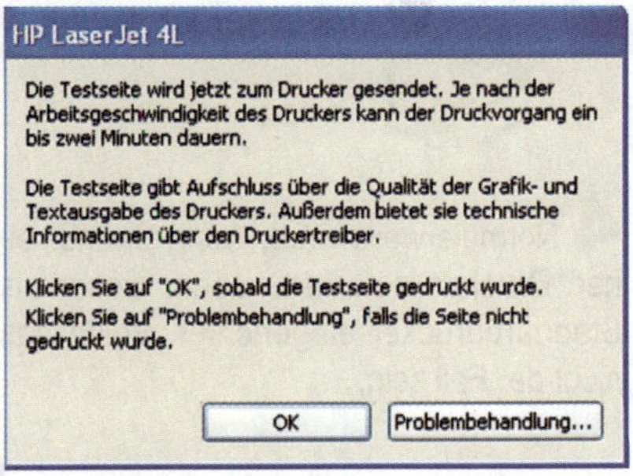

Können Sie den Ausdruck lesen und ist das Druckbild in Ordnung, so klicken Sie auf diesen Button

und die Installation ist nun endgültig abgeschlossen und Sie sehen im Fenster **Drucker und Faxgeräte** den neuen Drucker als Symbol.

Drucker richtig einrichten

Sie können an Ihrem Drucker noch einige Einstellungen vor nehmen. Wie Sie das erledigen, lesen Sie in diesem Abschnitt.

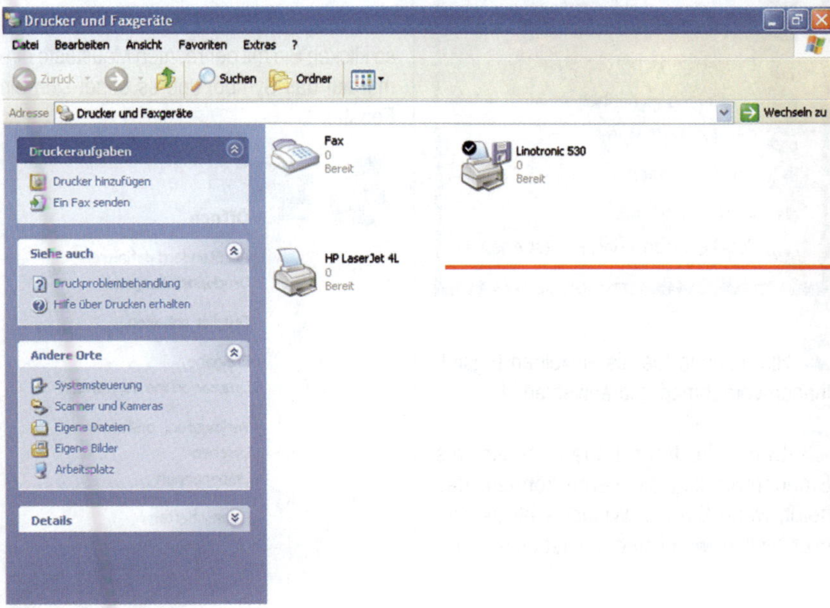

1 Sie befinden sich im Fenster **Drucker und Faxgeräte**. Hier klicken Sie einmal mit dem Mauszeiger auf das Symbol Ihres Druckers

und es öffnet sich im linken Teil des Fensters, bei den Druckaufgaben, eine neue Leiste.

2 Hier können Sie die einzelnen Einstellungen vornehmen und anwählen.

3 Damit Sie Ihren neuen Drucker als Standarddrucker aktivieren können, das heißt, wenn Sie aus Windows etwas drucken wollen, wird immer zuerst dieser Drucker als aktiver angezeigt, so muss das Druckersymbol über diesen Haken verfügen.

4 Normalerweise wird, wenn Sie nur einen Drucker installiert haben, dieser als Standarddrucker eingerichtet. Sollte das nicht der Fall sein,

so klicken Sie mit der rechten Maustaste einmal auf das Symbol und es öffnet sich ein Fenster.

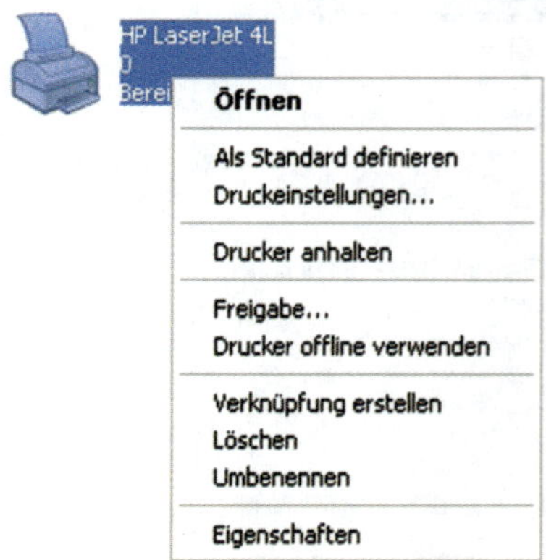

In diesem Fenster klicken Sie mit dem Mauszeiger auf diesen Eintrag

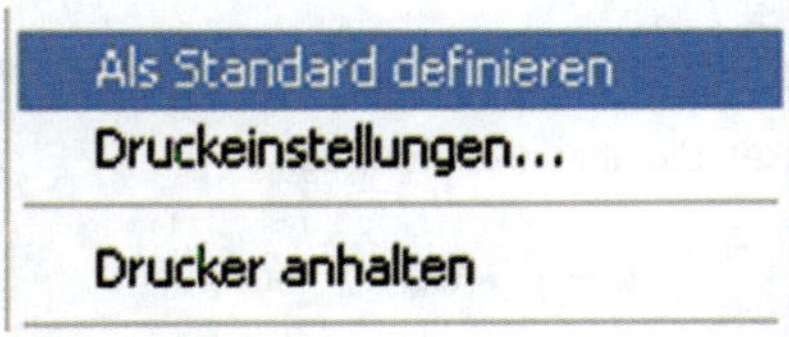

und der Drucker wird als Standarddrucker angezeigt.

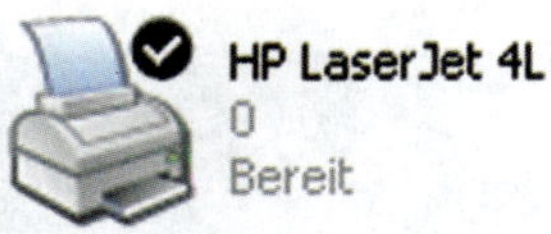

5 Internet

In diesem Kapitel stellen wir Ihnen die einzelnen Internetoptionen Ihres Computers unter Windows XP vor. Wir beginnen mit dem Einrichten des Modems, welches Sie benötigen, um überhaupt eine Verbindung zwischen dem Computer und dem Telefon herzustellen und dann ins Internet zu gelangen. Weiter geht's mit dem Einrichten eines Internetzuganges. Danach stellen wir Ihnen den Internetexplorer, den Browser für das Internet kurz vor. Doch nun genug der Vorrede, lesen Sie in diesem Kapitel, wie Sie ins Internet gehen.

Modem einrichten

Wenn Sie noch kein Modem an Ihrem Computer oder in Ihrem Computer angeschlossen haben und dieses nun einrichten wollen, dann gehen Sie wie folgt vor:

1 Sie schließen das Modem an Ihrem Computer an oder bauen es ein, wenn es sich um ein internes Modem handelt. Auf jeden Fall sollte es mit Strom versorgt sein und betriebsbereit sein.

2 Nun kommt die Softwareseitige Einrichtung des Modems. Klicken Sie dazu mit dem Mauszeiger auf diesen Button:

In dem sich darüber öffnenden Fenster klicken Sie auf diesen Eintrag:

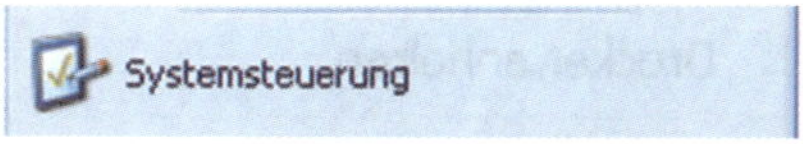

Es öffnet sich das Fenster der Systemsteuerung.

Hier klicken Sie auf diesen Eintrag:

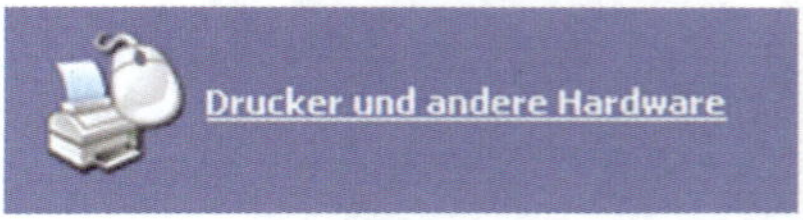

3 Es öffnet sich dieses Fenster:
In diesem Fenster wählen Sie mit einem Klick des Mauszeigers diesen Eintrag an

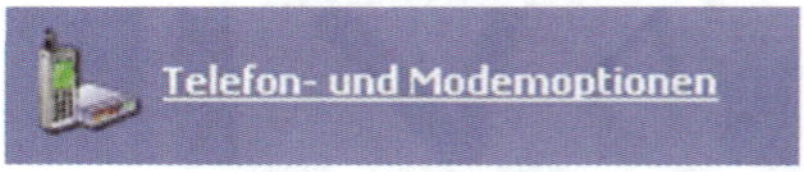

und es wird dieses Fenster geöffnet:

4 Klicken Sie hier auf diese Registerkarte

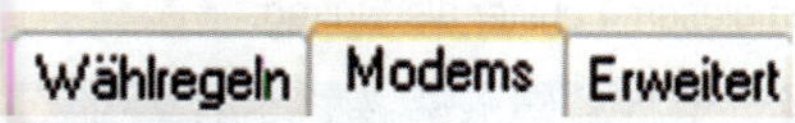

und Sie befinden sich in diesem Fenster:

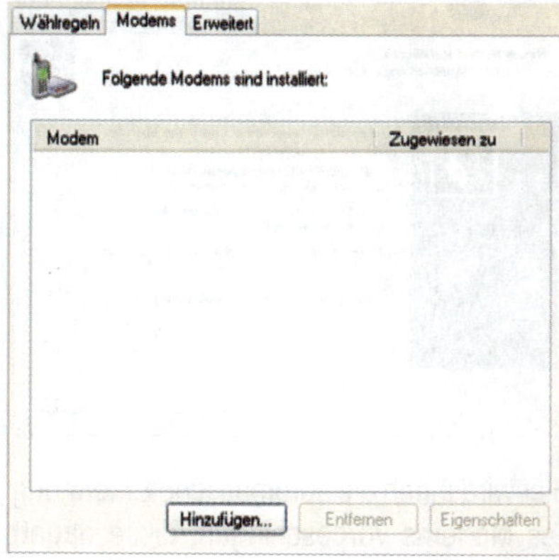

Klicken Sie nun mit dem Mauszeiger auf diesen Button:

5 Es öffnet sich das Fenster des Hardware-Assistenten.

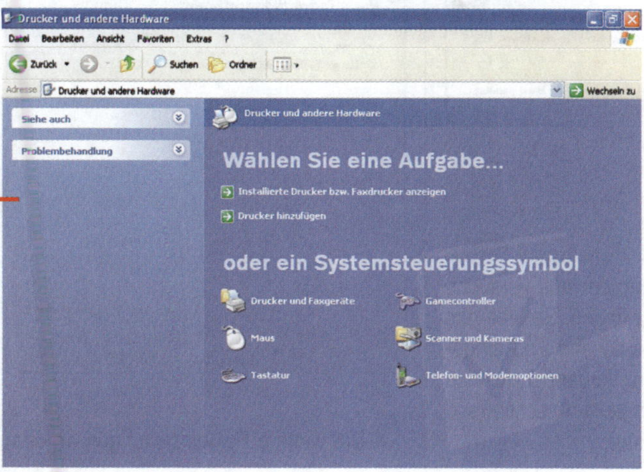

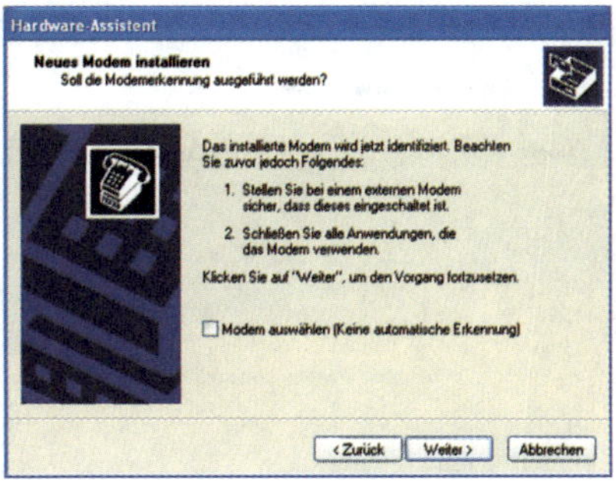

Hier wird Ihnen die automatische Erkennung des Modems vorgeschlagen, diese dauert zwar etwas länger, ist aber zu empfehlen. Klicken Sie also auf diesen Button:

6 Nun sehen Sie dieses Fenster:

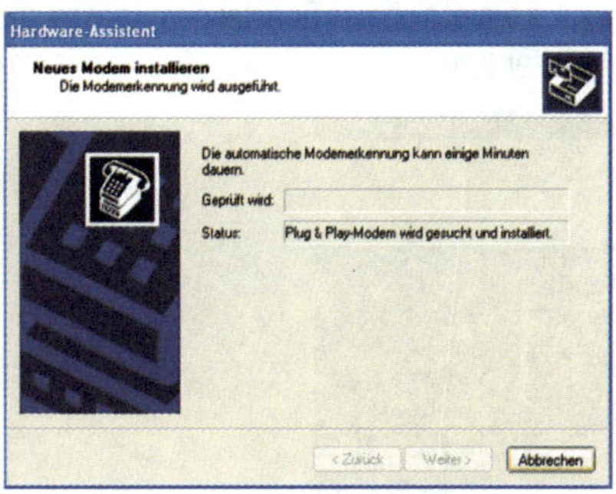

Es wird nun vom Computer aus versucht, die neue Hardware zu finden. So weit das Modem richtig angeschlossen und eingeschalten ist, sollte dieser Vorgang auch nach kurzer Zeit erfolgreich sein. Anschließend sehen Sie dieses Fenster:

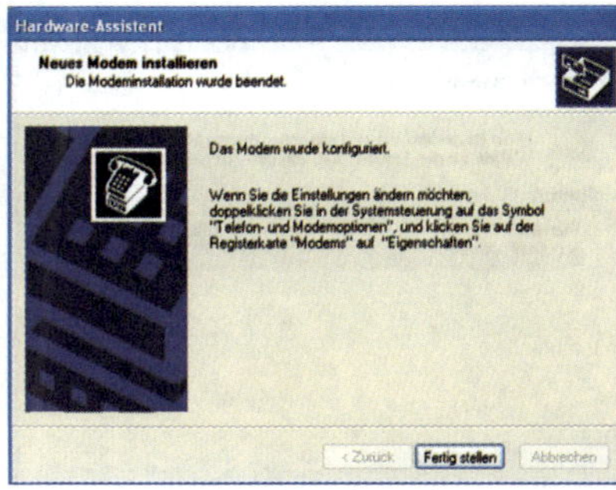

In diesem klicken Sie auf diesen Button:

7 Nun ist das neue Modem an Ihrem Computer eingerichtet und erkannt. Sie sehen es in diesem Fenster als Eintrag:

8 Um weitere Feineinstellungen an dem

Modem vorzunehmen, klicken Sie auf diesen Button

und es erscheint dieses Fenster:

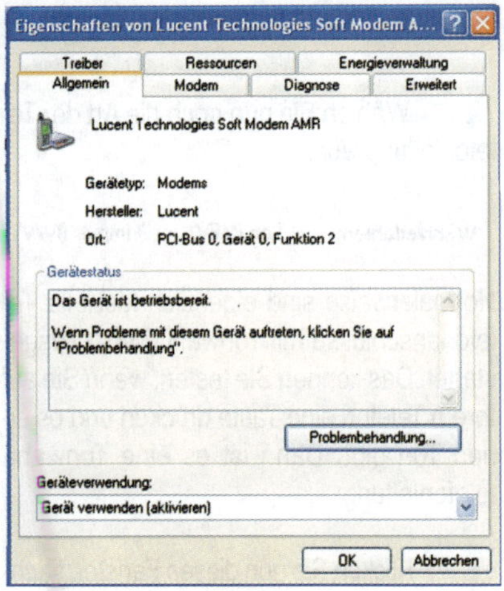

9 Um die Geschwindigkeit des Modems einzustellen, klicken Sie auf diese Registerkarte

und stellen Sie die Geschwindigkeit in diesem Listenfenster ein:

Wenn Sie das Modem an einer Telefonanlage betreiben, an der Sie die Null oder eine andere Zahl vorwählen müssen, so sollten Sie hier diesen Kontrollkasten entfernen:

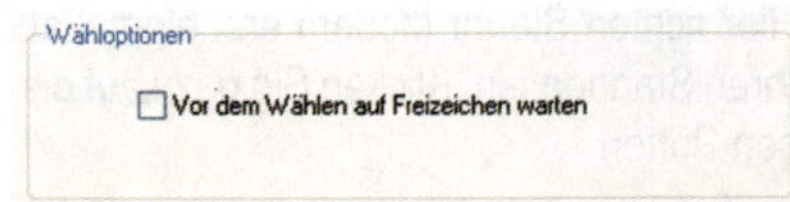

Die anderen Einstellungen sollten Sie erst einmal nicht verändern und dann auf diesen Button klicken:

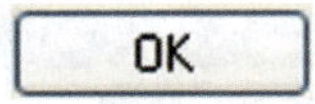

10 Zurück im Fenster Telefon- und Modemoptionen wählen Sie diese Registerkarte an:

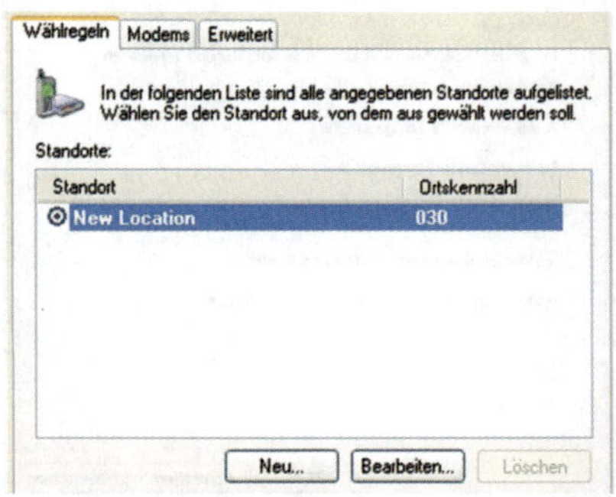

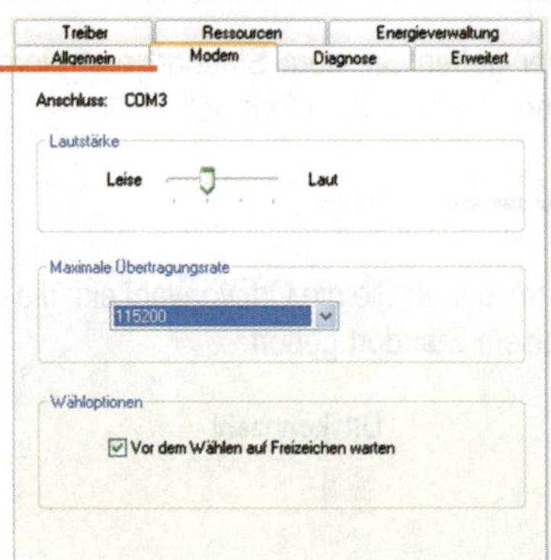

Hier richten Sie Ihr Modem erst einmal auf Ihren Standort ein. Klicken Sie dazu auf diesen Button

und es öffnet sich dieses Fenster:

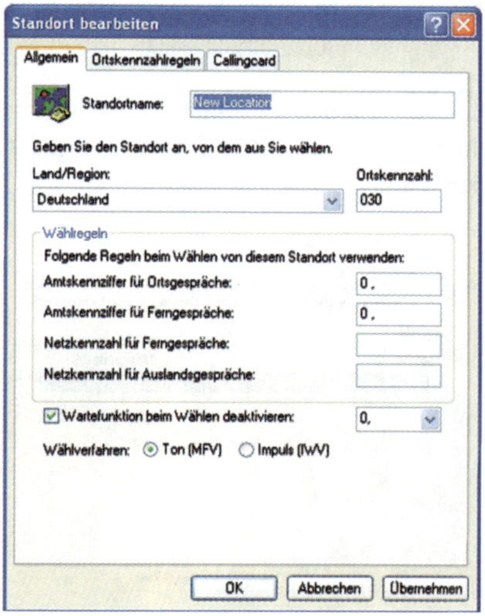

Hier geben Sie dem Standort erst einmal einen Namen. Zum Beispiel:

Dann geben Sie die Ortsvorwahl ein, die zu diesem Standort gehört.

11 Wenn Sie Ihr Modem an einer Nebenstellenanlage betreiben und zum Telefonieren die Null vorwählen müssen, dann geben Sie diese hier auch ein.

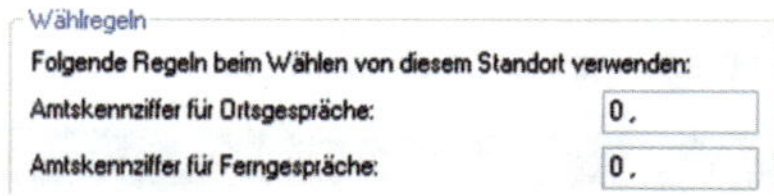

12 Wählen Sie nun noch die Art der Telefonleitung aus.

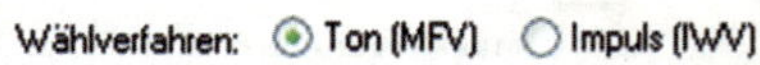

Normalerweise sind eigentlich fast alle Telefonanschlüsse mit Tonwahl (MFV) ausgestattet. Das können Sie testen, wenn Sie auf Ihrem Telefon eine Taste drücken und es einen Ton gibt. Dann ist es eine Tonwahltelefonleitung.

13 Klicken Sie nun dieses Fenster, nachdem Sie alle Einstellungen vorgenommen haben, mit einem Klick auf diesen Button ab.

Das nächste Fenster, in dem Sie nun den neuen Standort sehen,
klicken Sie auch mit diesem Button ab

und Ihr Modem ist komplett eingerichtet.

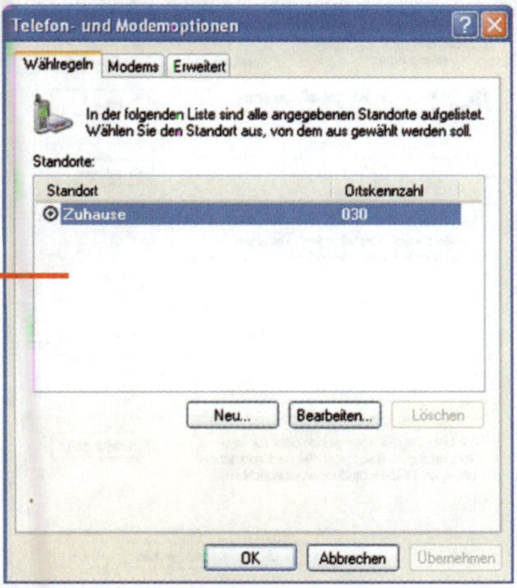

DFÜ-Verbindung einrichten

Um mit Ihrem Computer ins Internet zu gelangen, müssen Sie, soweit Sie keine extra Zugangs-CD wie bei AOL oder T-Online haben, eine DFÜ-Verbindung einrichten. Dazu benötigen Sie von einem Internetanbieter eine Telefonnummer und ein Passwort. Verfügen Sie über beides, kann es losgehen. Gehen Sie wie folgt vor:

1 Begeben Sie sich in die Systemsteuerung

und klicken Sie hier auf diesen Eintrag:

2 Es öffnet sich dieses Fenster:

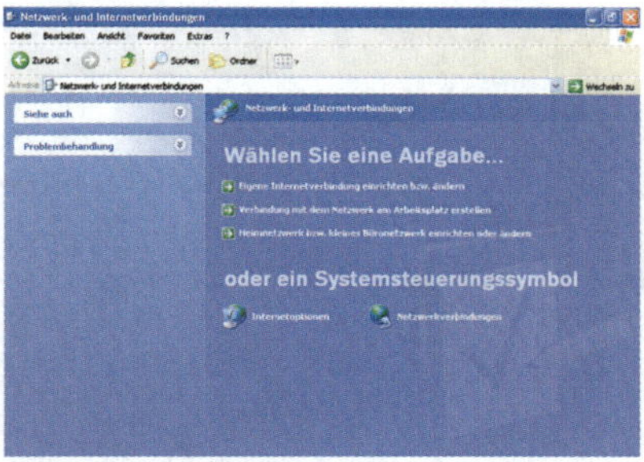

Hier wählen Sie diesen Eintrag an:

Es öffnet sich dieses Fenster:
Klicken Sie hier auf diesen Button

und es öffnet sich folgendes Fenster:

Klicken Sie hier auf diesen Button:

3 Sie sehen nun dieses Fenster:

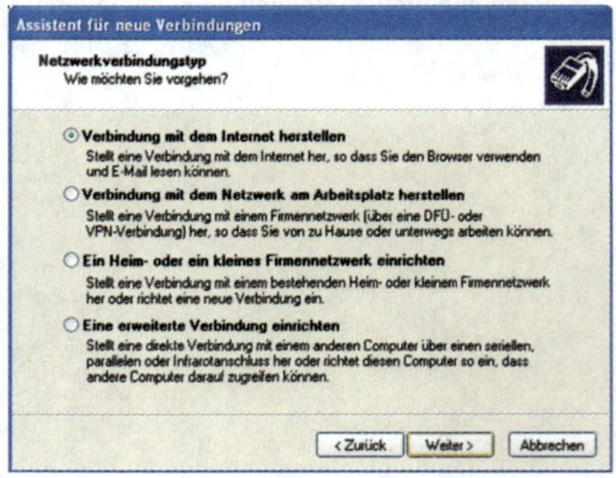

Da Sie nur eine DFÜ-Verbindung erstellen wollen, lassen Sie das entsprechende Kontrollkästchen aktiv,

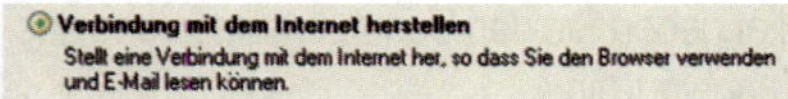

und klicken dann auf diesen Button:

4 Es öffnet sich das nächste Fenster.

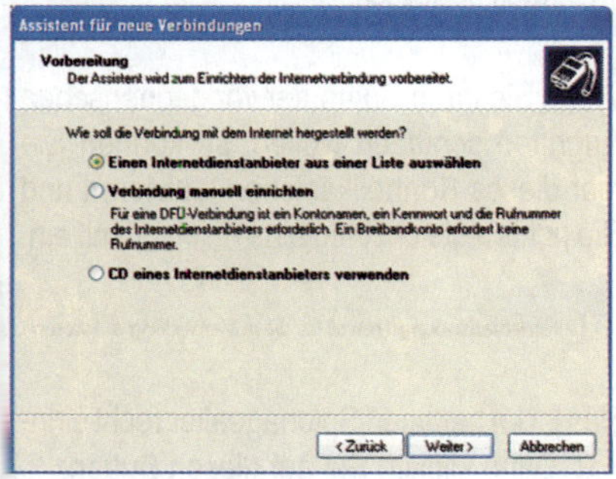

Hier klicken Sie auf diesen Eintrag

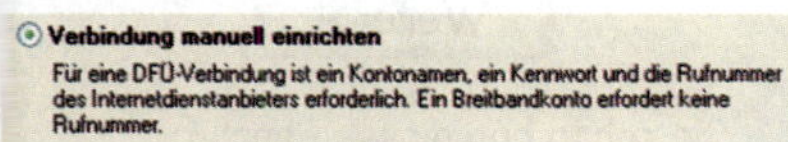

und dann auf diesen Button:

5 Es öffnet sich dieses Fenster, in dem Sie dieses Kontrollkästchen aktiv lassen

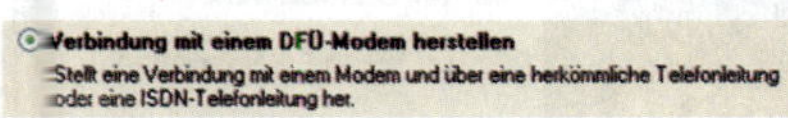

und dann auf diesen Button klicken:

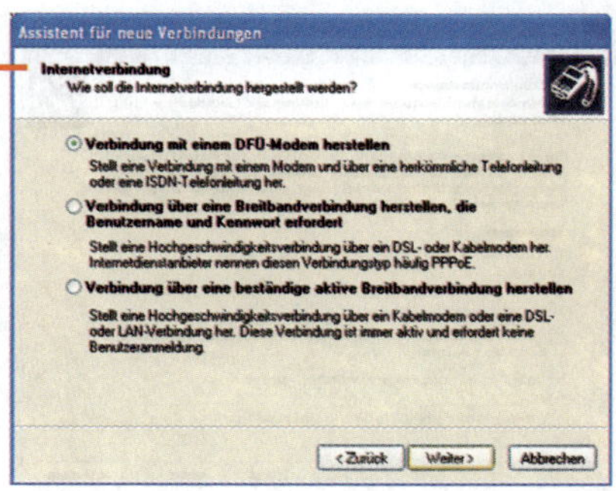

6 Es öffnet sich dieses Fenster:

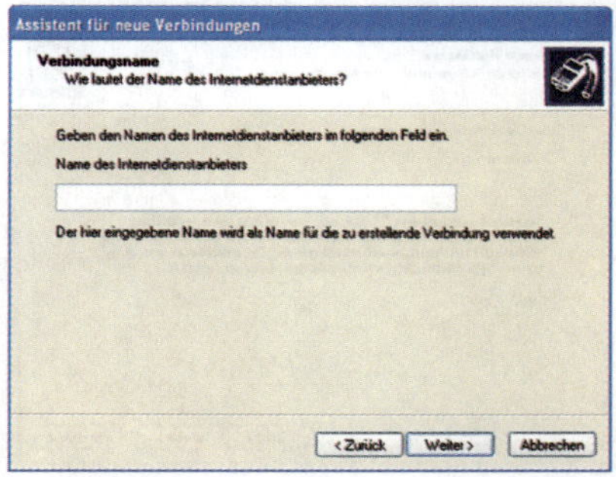

Hier geben Sie über die Tastatur den Namen des Internetanbieters ein, wie zum Beispiel

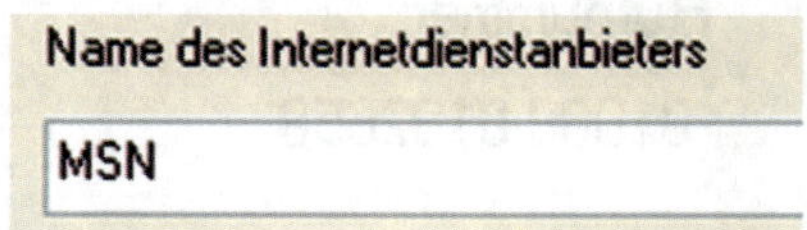

und klicken dann auf diesen Button:

Im nächsten Fenster

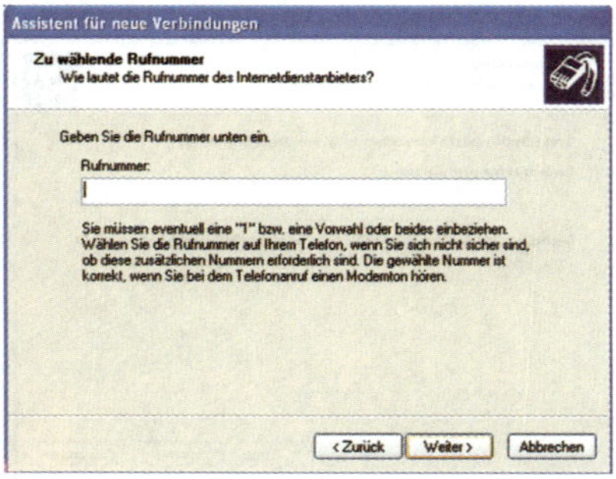

geben Sie die Rufnummer des Internetanbieters ein.

Dann klicken Sie wieder auf diesen Button:

7 Es öffnet sich dieses Fenster:

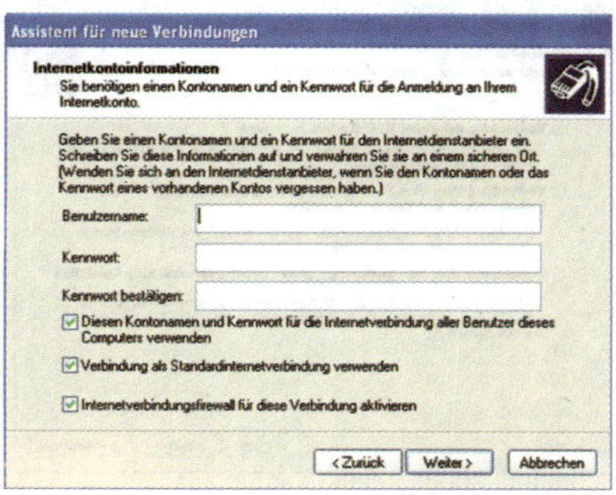

Hier geben Sie den Benutzernamen und das Kennwort ein.

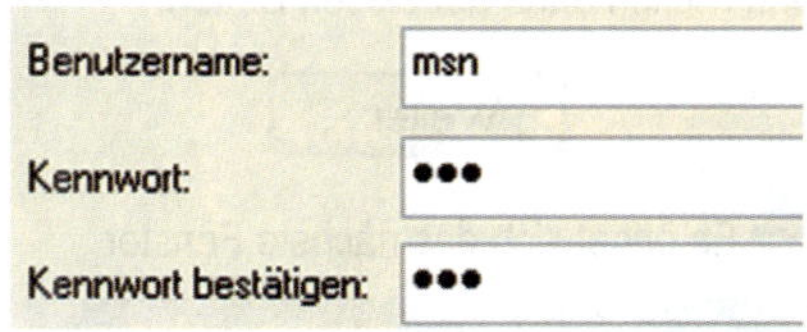

Wenn Sie Ihren Computer vor gegnerischen Angriffen schützen wollen, so können Sie hier dieses Kontrollkästchen aktivieren und Sie richten gleichzeitig eine Firewall mit ein.

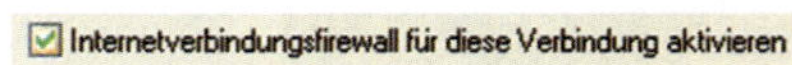

Das ist im heutigen Spionagealter recht sinnvoll. Dann klicken Sie auf diesen Button:

8 Sie sehen nun dieses Fenster:

Wenn Sie eine Verknüpfung auf den Desktop erstellen wollen, um später schnell eine Internetverbindung aufzubauen, so aktivieren Sie dieses Kontrollkästchen:

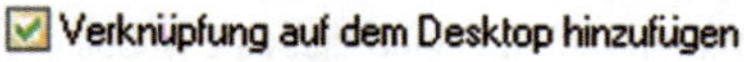

Dann klicken Sie auf diesen Button, um die Internetverbindung anzulegen:

9 Die DFÜ-Verbindung ist nun angelegt. Sie sehen auf Ihrem Desktop dieses Symbol:

DFÜ-Verbindung testen

Sie haben nun die Internetverbindung eingerichtet und sollten Sie erst einmal testen. Wie es geht, lesen Sie hier.

1 Klicken Sie mit einem Doppelklick des Mauszeigers auf dieses Symbol und es öffnet sich dieses Fenster:

2 Um nun eine Verbindung herzustellen, klicken Sie auf diesen Button:

Lesen Sie weiter ab Punkt **5**.

3 Wenn Sie Ihr Modem an einer Nebenstellenanlage betreiben, müssen Sie die Vorwahl noch einrichten. Klicken Sie also auf diesen Button

und es öffnet sich dieses Fenster:

Klicken Sie hier auf dieses Kontrollkästchen,

um die Vorwahl, die Sie beim Einrichten des Modems eingestellt haben, zu verwenden. Klicken Sie dann auf diesen Button:

4 Sie sehen nun die übernommene Einstellung der Rufnummer in diesem Fenster:

Klicken Sie nun auf diesen Button:

5 Die Verbindung wird aufgebaut und Sie sehen dieses Fenster:

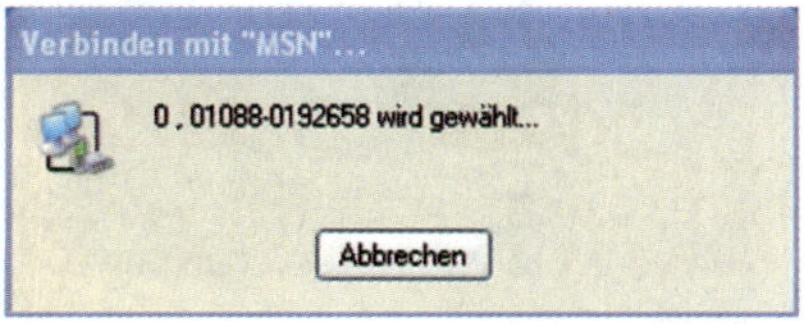

Dann werden Benutzername und Kennwort überprüft.

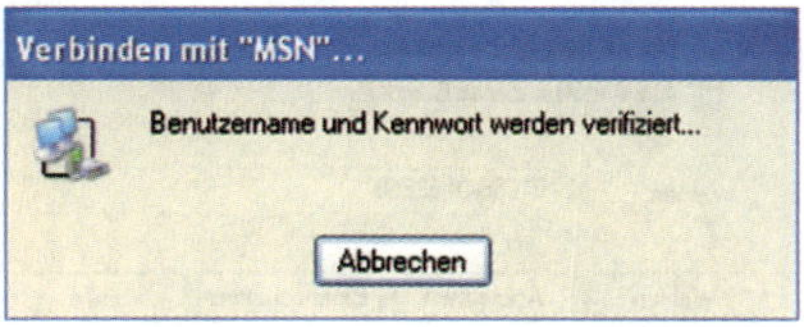

Anschließend wird die Verbindung hergestellt und Sie sehen in der Taskleiste am unteren rechten Rand dieses Symbol:

6 Wenn Sie dieses Symbol sehen, wissen Sie, dass Sie online sind und eine Verbindung zum Internet halten. Klicken Sie einmal mit dem Mauszeiger auf das Symbol und es öffnet sich dieses Fenster:

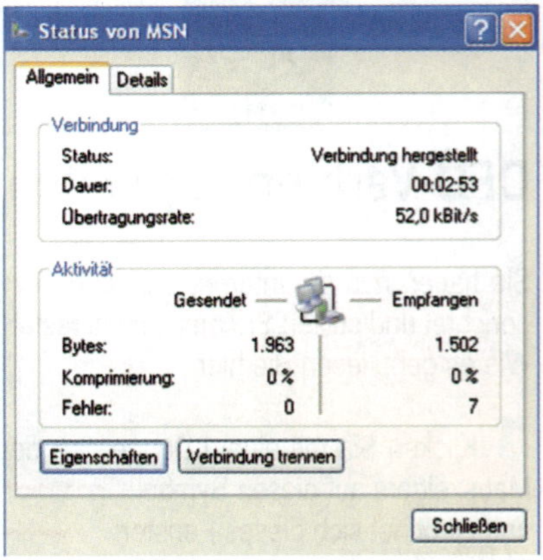

Hier sehen Sie die Dauer der Verbindung, die Geschwindigkeit der Verbindung und ganz wichtig, wenn Sie die Verbindung zum Internet trennen möchten, klicken Sie hier auf diesen Button:

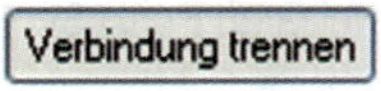

Das Symbol verschwindet aus der Taskleiste und Sie sind wieder offline.

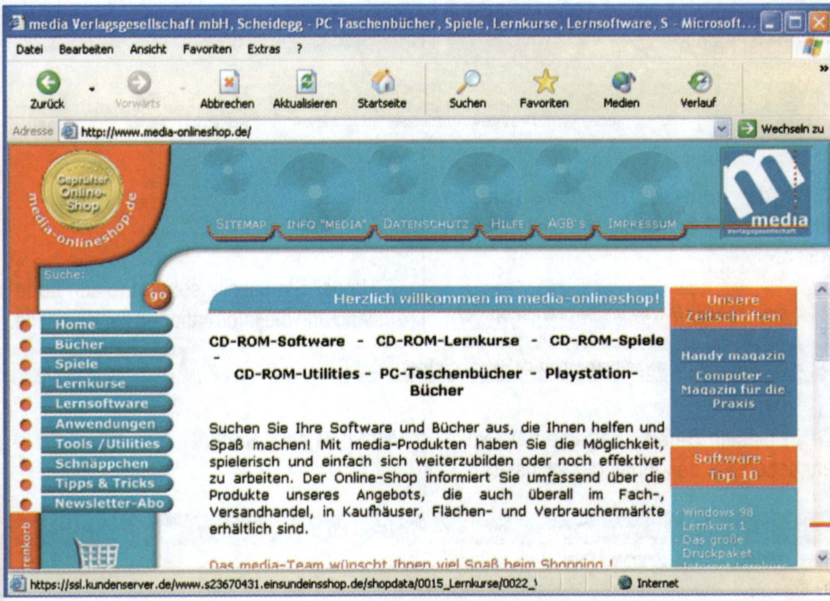

Internet Explorer 6.0

1 Starten Sie den Internet Explorer über das Symbol auf Ihrem Desktop.

2 Der Browser öffnet sich und Sie können mit ihm arbeiten. Achten Sie darauf, dass Sie, wenn Sie online arbeiten möchten, auch einen Internetzugang wie zum Beispiel Internet-by-Call oder T-Online gestartet haben müssen, um eine Verbindung zum Internet herstellen zu können.

3 Sollten Sie noch keine Internetverbindung geöffnet haben, so erscheint das Fenster DFÜ-Verbindung. Gehen Sie, wie im Absatz **DFÜ-Verbindung testen**, vor.

4 Der Internet Explorer ist nun geöffnet.

5 In der oberen Titelleiste sehen Sie den Namen der Webseite, die Sie gerade besuchen.

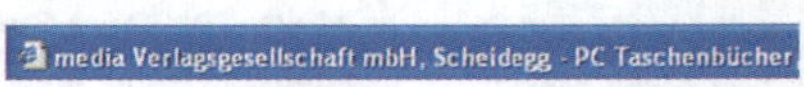

6 In der Symbolleiste finden Sie die wichtigsten Symbole, die Ihnen beim Navigieren im Internet helfen.

7 In der Adressenzeile geben Sie die Adresse der Webseite ein, die Sie besuchen wollen.

9 In der Statuszeile sehen Sie den Ladezustand und die Informationen zur Webseite.

8 In diesem Bereich des Internet Explorers sehen Sie den Inhalt der Webseite.

Viel Spaß beim Surfen!

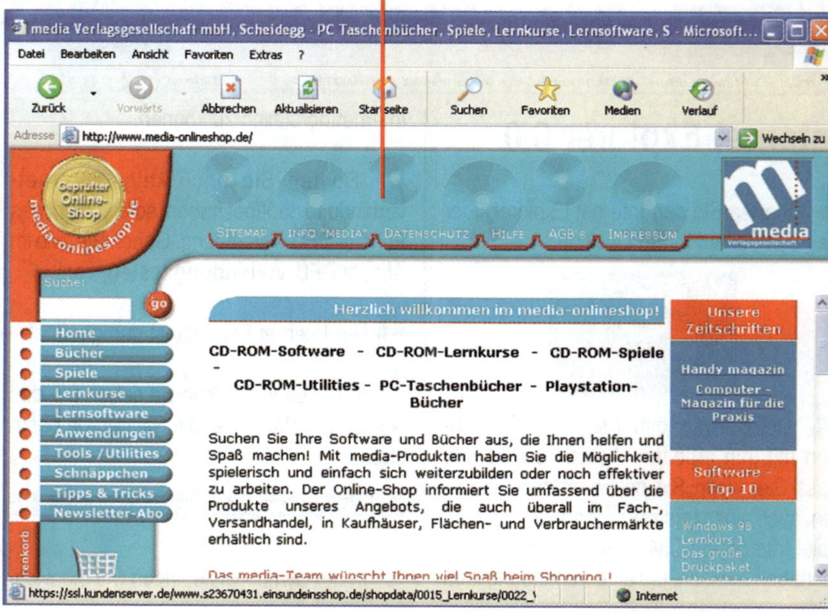

6 Media Player

Mit dem Media Player von Windows XP haben Sie ein umfangreiches Programm, mit dem Sie Musik abspielen, Wiedergabelisten erstellen können, Albumdetails verwalten, Musik aus dem Internet laden und verwalten können. Sie sehen, es ist ein sehr umfangreiches Programm, welches keine Wünsche offen lässt, um Ihre Musiksammlung zu verwalten und abzuspielen. Der Media Player benutzt alle möglichen Audioformate und kann sogar Videos abspielen. Doch das beste am Media Player ist, trotz seiner umfangreichen Funktionen, dass er in der Handhabung recht einfach zu bedienen ist. In diesem Kapitel zeigen wir Ihnen nun Schritt für Schritt den Umgang mit dem Media Player. Wir zeigen Ihnen, wie Sie CDs abspielen, wie Sie Ihre Musiksammlung verwalten, den Media Player im Design Ihren Wünschen anpassen können und vieles mehr.

Media Player öffnen

Damit Sie den Media Player benutzen können, müssen Sie das Programm erst einmal öffnen.

1 Klicken Sie mit dem Mauszeiger auf diesen Button:

In dem sich öffnenden Fenster bewegen Sie den Mauszeiger auf diesen Eintrag

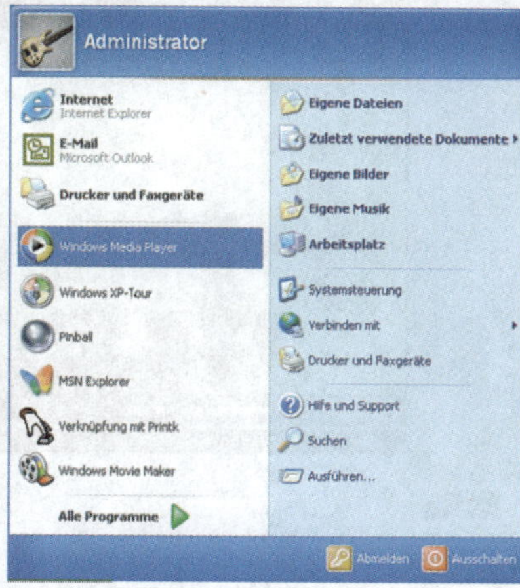

und klicken auf diesen mit einem Doppelklick des linken Mauszeigers.

2 Nun öffnet sich die Oberfläche des Media Players.

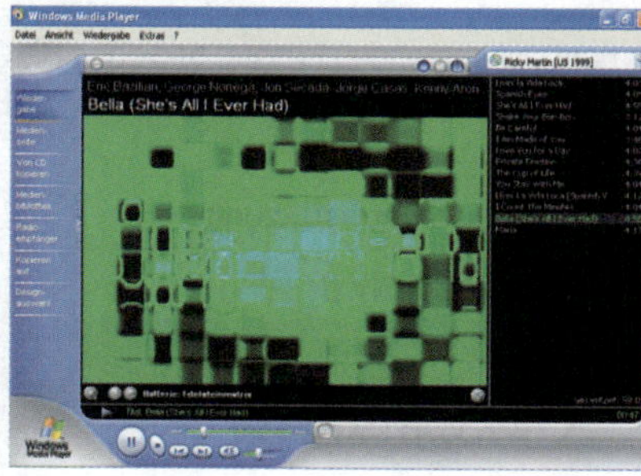

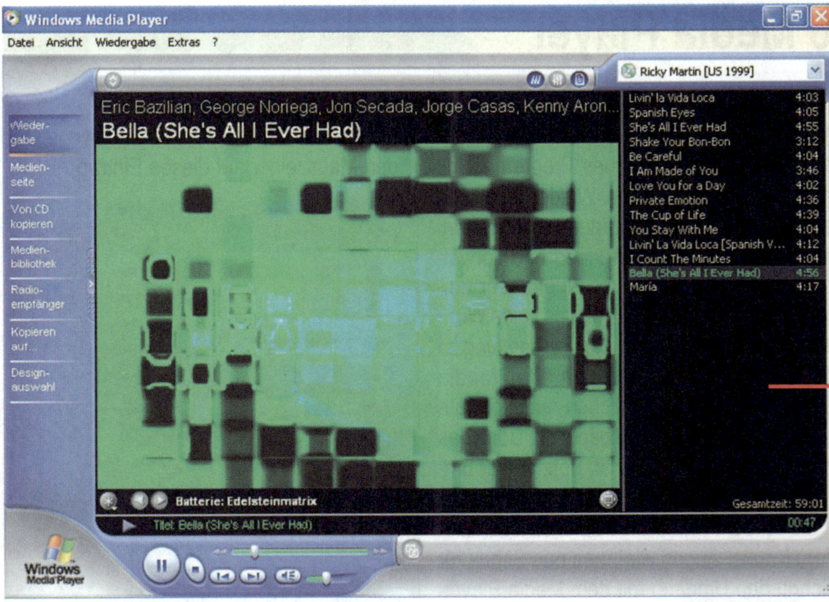

3 Sollten Sie den Media Player nicht in dem Startmenü finden, so gehen Sie wie folgt vor: Klicken Sie in dem Startmenü auf diesen Eintrag:

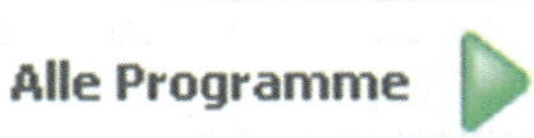

In dem sich öffnenden Fenster bewegen Sie den Mauszeiger auf diesen Eintrag

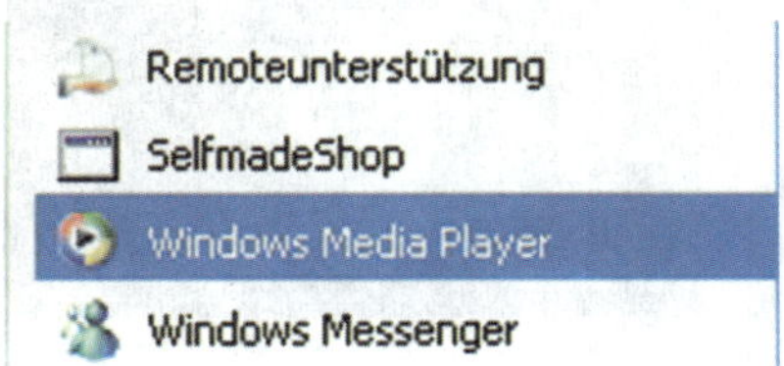

und klicken auf diesen mit einem Doppelklick. Nun öffnet sich das Fenster des Media Players.

CDs anspielen

1 Wenn Sie in Ihren Computer eine Audio-CD einlegen, ins CD-ROM- oder DVD-Laufwerk, sehen Sie dieses Fenster:
Wenn Sie die CD über den Media Player abspielen möchten, so wählen Sie mit dem Mauszeiger diesen Eintrag an,

klicken auf diesen Button

und der Media Player wird gestartet und die CD abgespielt.

2 Wenn die CD zum ersten Mal in den Computer eingelegt wird, wird für das Album und den Interpreten diese Anzeige erscheinen.

Diese Einstellung können Sie ändern, indem Sie eine Internetverbindung herstellen. Dann wird die Einstellung aktualisiert.

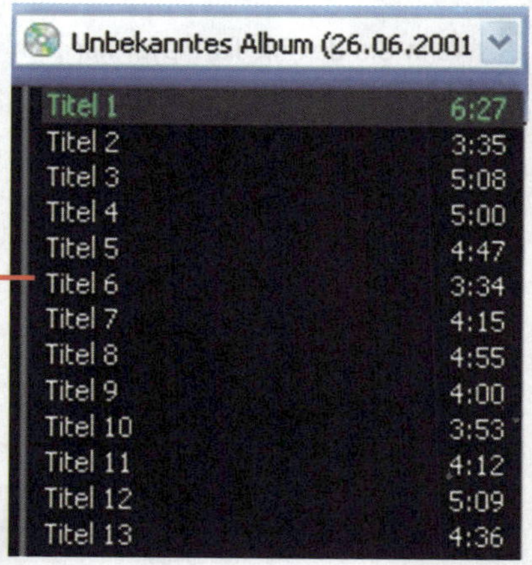

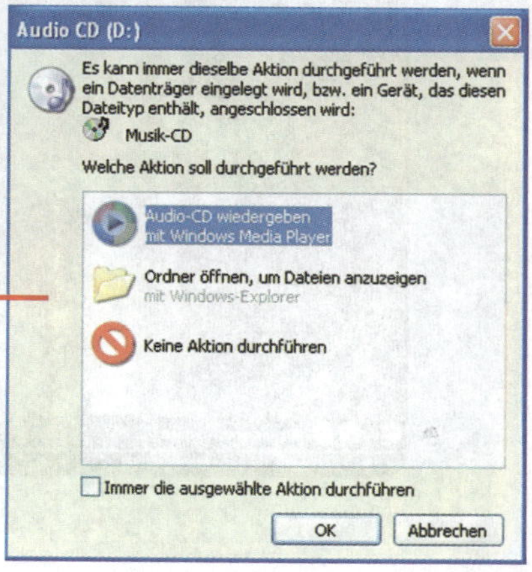

Media Player im Kompaktmodus

1 Wenn Sie den Media Player nur zum Musik hören benutzen wollen, so können Sie das Menü auch auf ein Minimum reduzieren. Klicken Sie dazu einfach bei dem Media Player mit dem Mauszeiger auf diesen Eintrag:

2 Der Media Player wird nun in einem kleinen Format angezeigt.

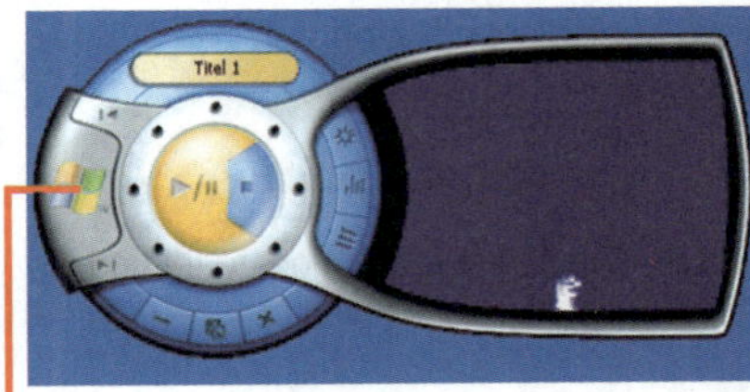

Um den Media Player wieder in die Originalgröße zu bringen, klicken Sie auf diesen Eintrag

und der Media Player wird nun wieder groß dargestellt.

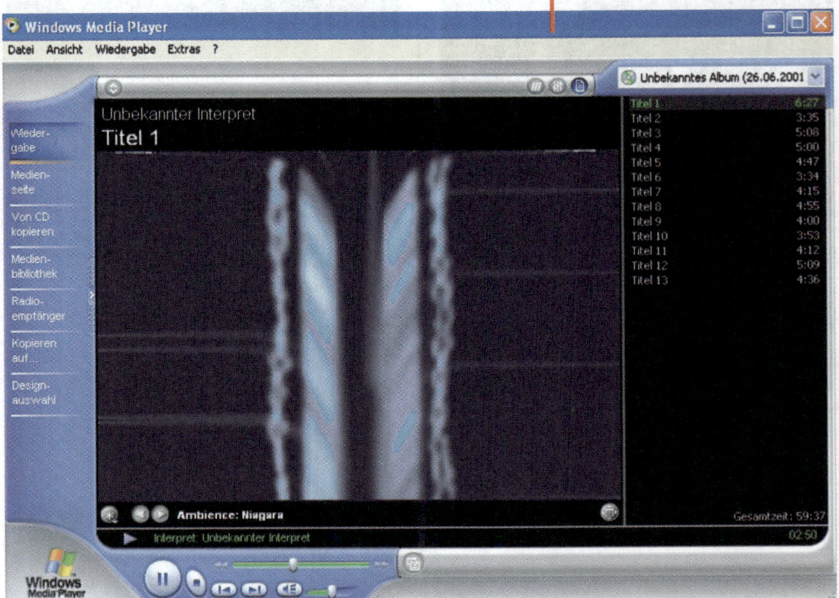

Design des Media Players verändern

Sie können den Media Player etwas individueller gestalten und sich einfach ein eigenes Design auswählen. Jedoch gilt das Design nur für die Media Player im Kompaktmodus. Gehen Sie dazu wie folgt vor:

1 Klicken Sie in dem Menü des Media Players auf diesen Button:

Sie sehen nun dieses Fenster:

2 Wählen Sie hier in dieser Liste das neue Design des Media Players aus.

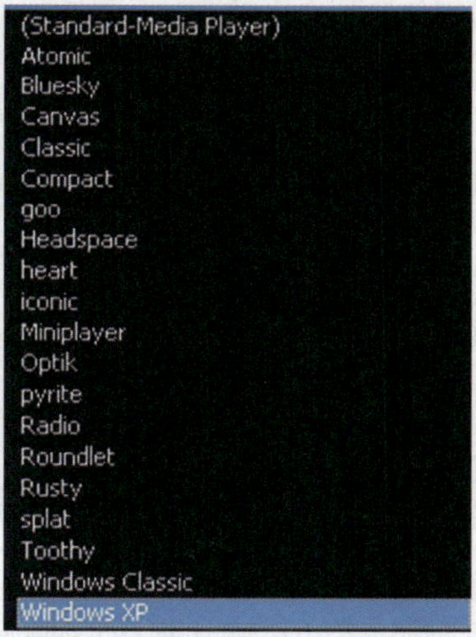

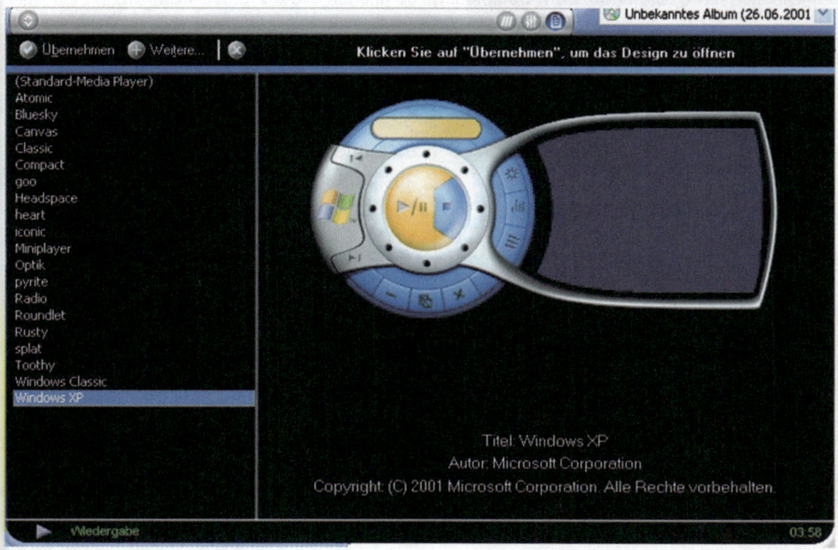

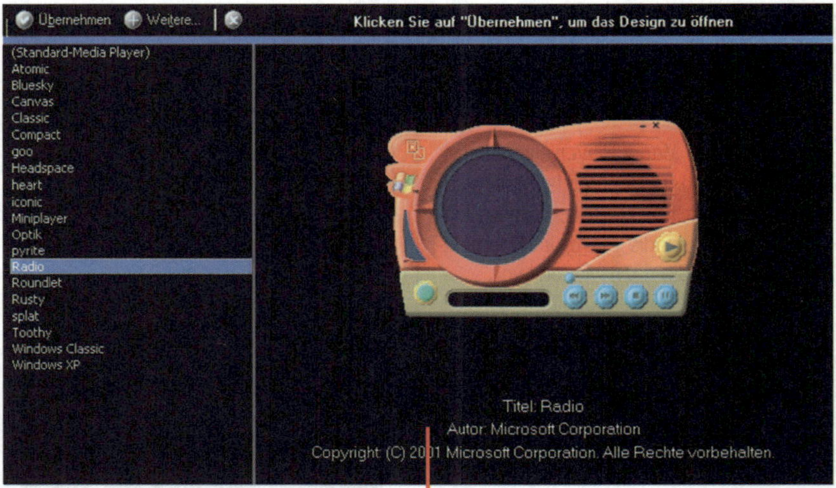

Klicken Sie einfach die Liste durch und suchen Sie sich ein Design aus. Zum Beispiel:

3 Wenn Ihnen das Design gefällt, so klicken Sie auf diesen Eintrag

und die Einstellung wird übernommen.

4 Wenn Sie noch nichts gefunden haben, so klicken Sie auf diesen Eintrag:

Stellen Sie eine Verbindung zum Internet her und laden Sie sich weitere Designs direkt aus dem Internet herunter.

Visualisierung ändern

Wenn Sie den Media Player im Kompaktmodus vorliegen haben, so können Sie die Visualisierung ganz leicht ändern.

1 Der Media Player liegt Ihnen klein vor.

Klicken Sie auf den Bildausschnitt, in dem die Visualisierung stattfindet,

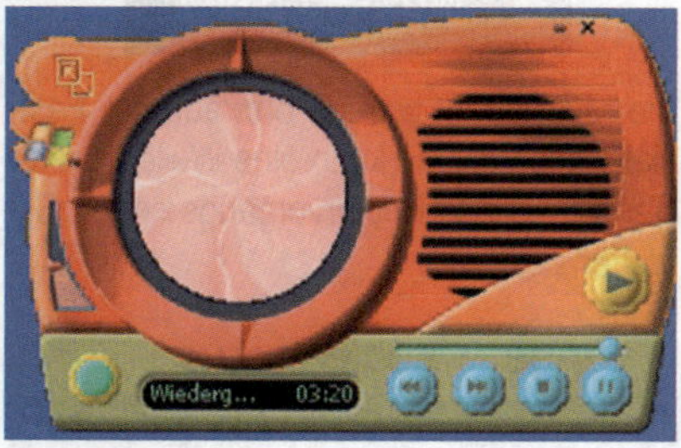

und die Visualisierung ändert sich bei jedem Klick. Zum Beispiel:

2 Im Anzeigemodus **Normal** des Media Players können Sie die Visualisierung über die Menüleiste ändern. Klicken Sie auf diesen Eintrag:

In dem sich öffnenden Fenster klicken Sie auf diesen Eintrag

und wählen Sie in dem sich daneben öffnenden Fenster einen Eintrag an.

3 Probieren Sie einfach mal die einzelnen Visualisierungseffekte durch und entscheiden Sie sich für den, der Ihnen am besten gefällt.

Abspielreihenfolge ändern

1 Um die CD in beliebiger Reihenfolge wiederzugeben, klicken Sie in diesem Bereich des Media Players auf diesen Button:

Die Titel werden nun in beliebiger Reihenfolge abgespielt.

Musik kopieren

Wenn Sie sich eine eigene Liste mit Musiktiteln zusammenstellen wollen, so können Sie sich die Titel auf die Festplatte kopieren, um sie später von dort abzuspielen.

1 Klicken Sie auf diesen Eintrag:

Sie sehen nun die Liste mit den Musiktiteln der aktuellen CD.

2 Setzen Sie vor alle Titel, die Sie kopieren wollen, ein aktives Kontrollkästchen.

Alle anderen deaktivieren Sie.

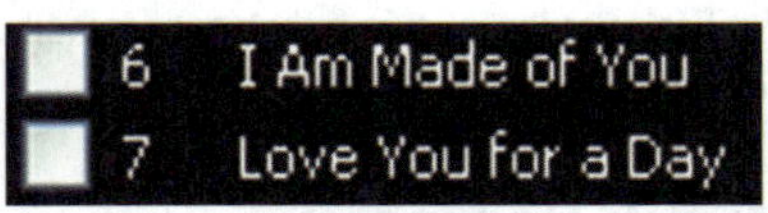

3 Nun markieren Sie die Einträge, die Sie kopieren wollen und klicken auf diesen Button:

Die Musikdaten werden nun auf Ihre Festplatte kopiert. Das kann eine Weile dauern. Den Stand des Kopiervorgangs sehen Sie im Fenster.

4 Die Daten sind nun auf die Festplatte kopiert worden und zwar an diese Stelle auf der Festplatte:

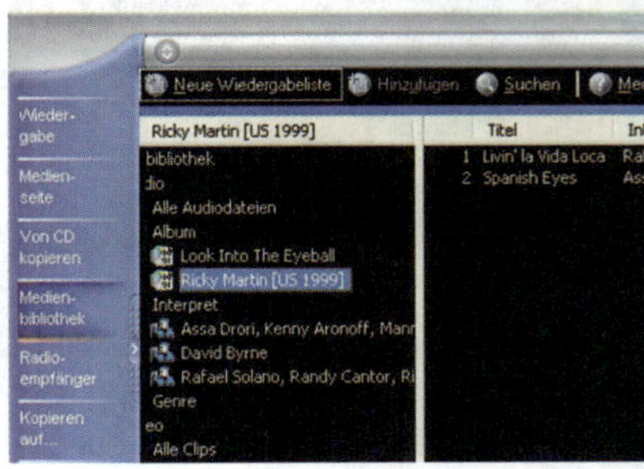

Mediabibliothek verwenden

Um Ihre Media Dateien besser verwalten zu können, benutzen Sie die Mediabibliothek.

1 Klicken Sie auf diesen Button

und die Mediabibliothek wird geöffnet.

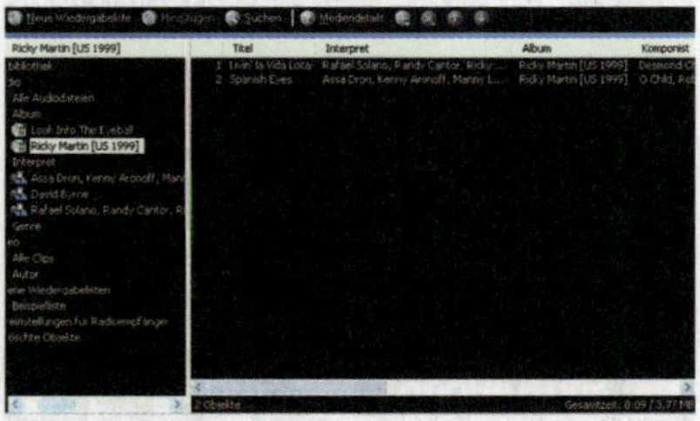

2 Damit Sie die Musiktitel sehen können, die auf der Festplatte gespeichert sind, klicken Sie auf diesen Eintrag und Sie sehen alle Musikdaten.

Genauso können Sie die Interpreten anzeigen lassen, die einzelnen Genre, sowie Videoclips und so weiter.

Eigene Wiedergabeliste erstellen

Sie können sich eine eigene Wiedergabeliste erstellen. Gehen Sie wie folgt vor:

1 In der Mediabibliothek klicken Sie auf diesen Eintrag:

2 Es öffnet sich dieses Fenster:

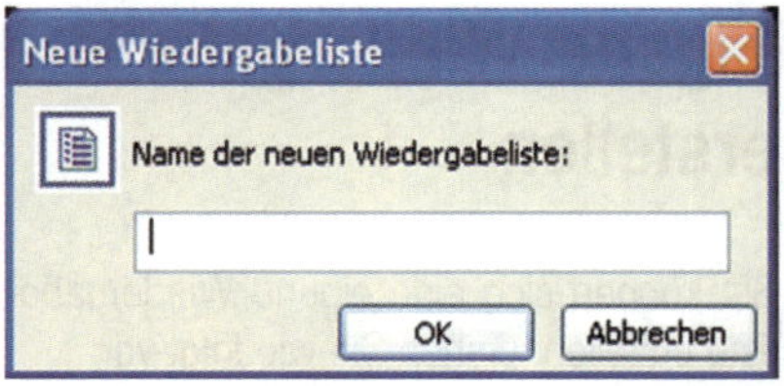

Geben Sie hier der Wiedergabeliste einen Namen, zum Beispiel;

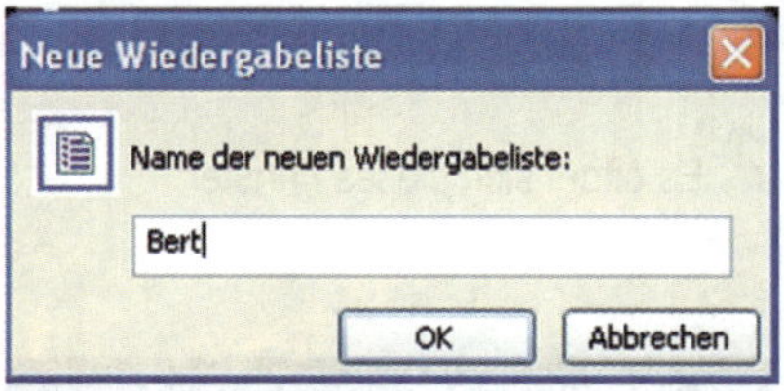

und klicken Sie dann auf diesen Button:

3 Klicken Sie nun auf diese Wiedergabeliste

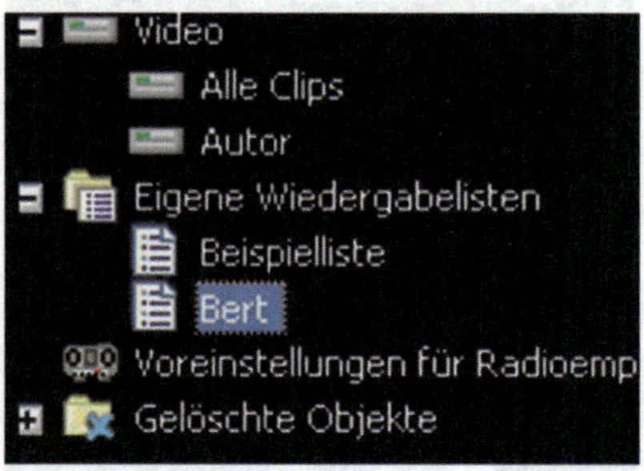

und klicken Sie dann in Ihre Musikliste.

Wählen Sie einen Titel an

und klicken Sie auf diesen Eintrag:

Es öffnet sich dieses Fenster:

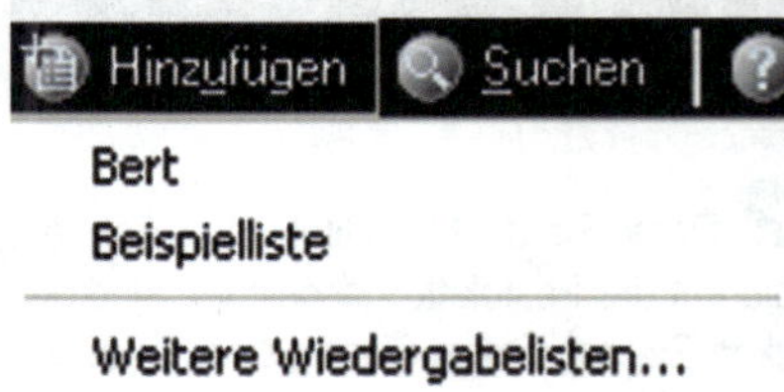

4 Klicken Sie die Wiedergabeliste an, in die Sie den Titel einbinden wollen.

Nun ist dieser Titel in der Wiedergabeliste.

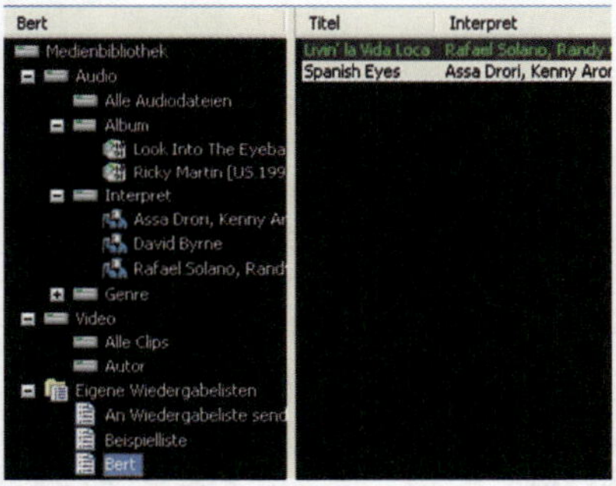

Füllen Sie so, wie eben beschrieben, die Wiedergabeliste. Zum Abspielen der Wiedergabeliste klicken Sie auf diesen Button:

Mit dem Media Player Radio hören

Sie können mit dem Media Player Radio hören, indem Sie den Media Player öffnen und eine Internetverbindung herstellen. Gehen Sie wie folgt vor:

1 Klicken Sie im Media Player auf diesen Eintrag:

2 Wenn Sie eine Verbindung zum Internet hergestellt haben, werden Ihnen im Fenster **Media Player** verschiedene Radiosender angezeigt.

Wählen Sie hier einfach einen Radiosender an und klicken Sie mit dem Mauszeiger auf diesen.

3 Nun öffnet sich ein Fenster unterhalb des Eintrags.

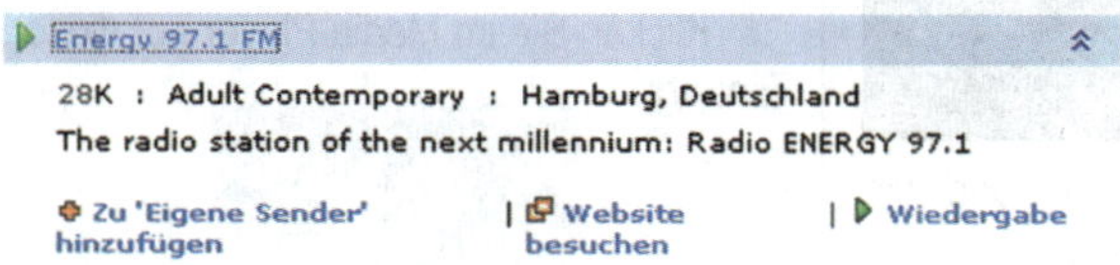

Hier werden alle wesentlichen Informationen zum Radiosender angezeigt. Wenn Sie auf diesen Button klicken,

werden Sie live ins Radioprogramm des Senders geschaltet. Es dauert eine Weile, aber dann hören Sie den Radiosender. Sie sehen es an diesem Symbol

am unteren Rand des Fensters vom Media Player.

Mediaseiten im Internet

Wenn Sie eine CD über den Media Player abspielen, werden der Titel und der Interpret, sowie die einzelnen Lieder nicht erkannt. Stellen Sie eine Internetverbindung her, wird die CD erkannt und Sie erhalten eine Titelliste und der Interpret und das Album werden erkannt.

1 Sie sehen nun eine komplette Liste der Titel und des Albums.

2 Wenn Sie auf die diesen Eintrag im Media Player klicken,

erhalten Sie direkte Zugriffe auf die Mediaseiten von Microsoft.

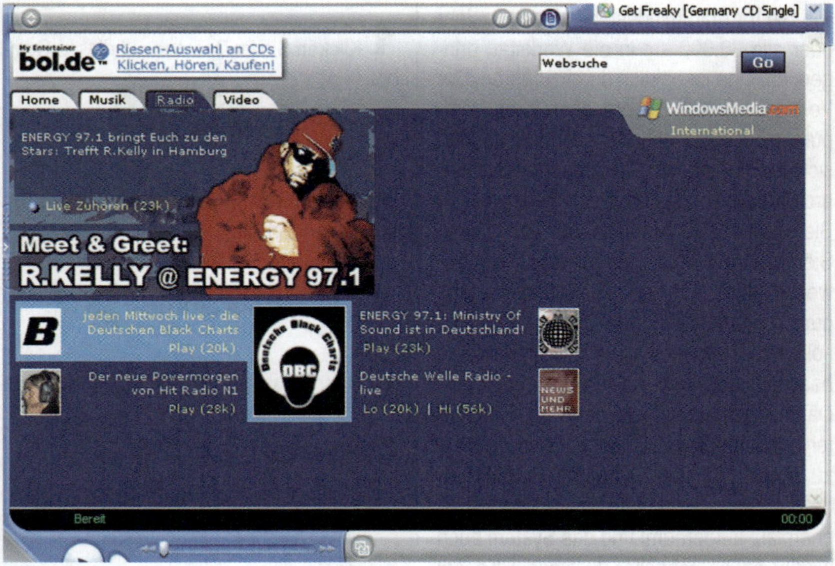

Hier erfahren Sie alles über Künstler, Radio, können sich Musik und Videos herunterladen und vieles mehr. Stöbern Sie einfach selbst mal etwas herum.

7 Systemprogramme und Wartung

Damit Ihr System immer fehlerfrei läuft und es zu keinen Datenverlusten kommt, sollten Sie es immer wieder einmal warten. Ähnlich, wie Sie Ihr Auto mindestens einmal im Jahr oder alle 30.000 km in die Werkstatt bringen, um eine Inspektion durchzuführen. Der Vorteil hierbei ist, Sie brauchen Ihren Computer nicht wegzuschaffen, sondern können sich der im Windows XP integrierten Systemprogrammen bedienen. Doch dieses sollten Sie auch des Öfteren tun. Je mehr Daten Sie auf Ihrem Computer verwalten und bewegen, desto öfter sollten Sie die Wartung durchführen. Bei der Wartung Ihres Systems sollten Sie immer eine gewisse Reihenfolge beachten und zwar sollten Sie zuerst den Datenträger bereinigen, dann die Festplatten mit Scan Disk auf Fehler überprüfen und zu guter Letzt die einzelnen Festplatten defragmentieren. Dadurch wird der Speicherplatz aufgeräumt und das System auch wieder etwas schneller. In diesem Kapitel stellen wir Ihnen die wichtigsten Wartungs- oder Systemprogramme vor und erklären Ihnen, wie Sie mit diesen umgehen.

Datenträgerbereinigung

Damit Sie schneller und unkomplizierter unnötige Datenmengen von Ihrer Festplatte entfernen können, gibt es bei Windows XP diese Funktion. Wie sie funktioniert, lesen Sie in diesem Abschnitt.

1 Klicken Sie im Desktop auf dieses Symbol:

In dem sich öffnenden Fenster klicken Sie auf diesen Eintrag:

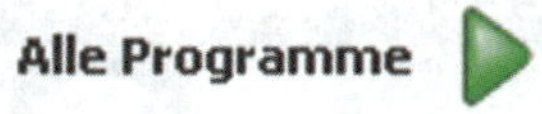

2 Dann bewegen Sie den Mauszeiger auf

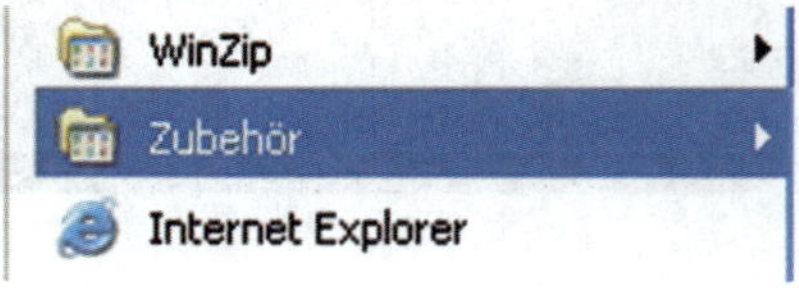

weiter auf

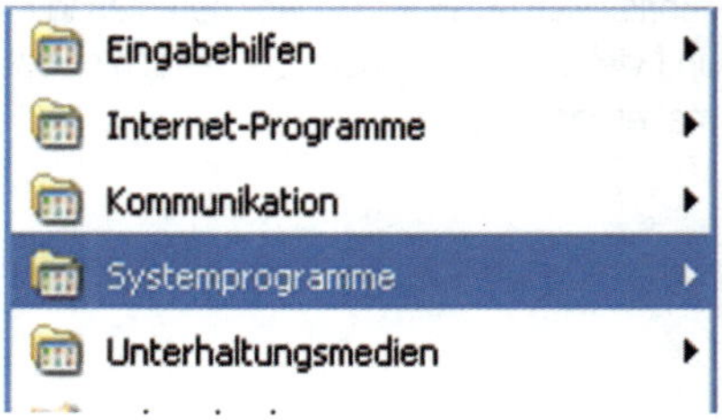

Hier klicken Sie mit dem Mauszeiger auf diesen Eintrag:

3 Sie sehen jetzt das Datenträgerbereinigungsfenster für das ausgewählte Laufwerk.

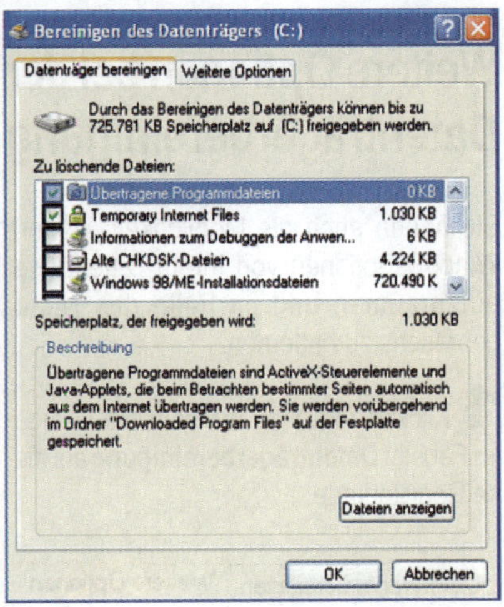

In diesem Fenster sehen Sie alle Dateiarten, die vom Datenträger entfernt werden können. Alle Einträge, die mit einem aktiven Kontrollkästchen versehen sind, wie zum Beispiel

werden bereinigt, alle Einträge in der Liste mit inaktivem Kontrollkästchen werden behalten, wie zum Beispiel:

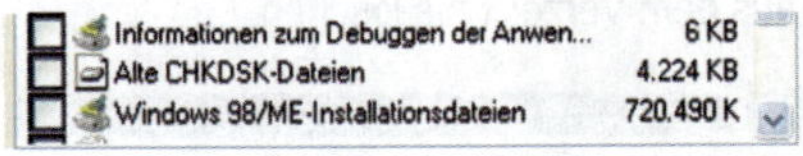

4 Sollten Sie Dateien, die nicht aktiviert sind, dennoch löschen wollen, so aktivieren Sie das Kontrollkästchen. Hier, in einer kurzen Übersicht, sehen Sie, was die einzelnen Dateitypen beinhalten.

Wenn Sie im Internet surfen, werden Inhalte von den besuchten Seiten auf Ihrer Festplatte zwischengespeichert um beim nächsten Besuch Zeit zu sparen. Wenn Sie oft und immer auf anderen Seiten im Internet surfen, sollten Sie diese Daten auf jeden Fall des Öfteren löschen. Wenn Sie immer die gleichen Seiten im Internet besuchen, so brauchen Sie die Inhalte nicht zu löschen.

Im Papierkorb finden Sie Daten, die Sie bereits gelöscht haben. Diese sollten Sie hier nun mitlöschen, wenn noch Daten darin sind.

Wenn Sie mit Windows oder anderen Anwendungsprogrammen arbeiten, werden des Öfteren Informationen zwischengespeichert. Diese werden ins temporäre Verzeichnis gespeichert. Normalerweise werden nach Beendigung des Programms diese Daten wieder gelöscht. Doch oft bleiben auch Daten übrig, diese können Sie hier aus dem Verzeichnis löschen.

Wenn Sie von Windows ME oder Windows 98 auf Windows XP umgestellt haben, so werden in diesem Verzeichnis die Systeminformationen der Vorgängerversion gespeichert. Löschen Sie diese Daten nur, wenn Sie sicher sind, dass Sie nicht mehr zurückstellen möchten.

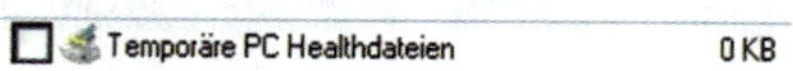

Hier werden die Systemdaten eines Programms bei einer Installation gespeichert und wenn Sie mit dem Selbsthilfesystem die Software wieder herstellen möchten, benötigen Sie diese Daten. Wenn Sie die Daten nicht mehr brauchen, können Sie diese hier löschen.

Um die Programmablaufinformationen einiger Programme zu entfernen, aktivieren Sie diesen Eintrag.

5 Haben Sie nun gewählt, welche Daten Sie von der Festplatte bereinigen möchten, so klicken Sie auf diesen Button:

Sie werden noch einmal gefragt, ob Sie die gewählten Daten wirklich beseitigen möchten.

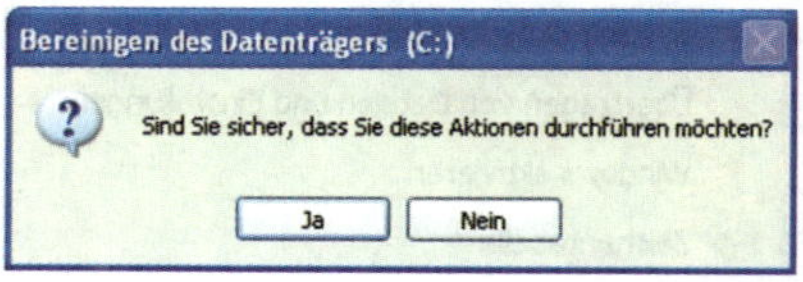

Bestätigen Sie hier mit

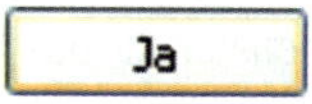

und es wird der Datenträger bereinigt.

Weitere Optionen bei der Datenträgerbereinigung

Sie haben auch die Möglichkeit, weitere Windowsoptionen von Ihrem Datenträger aufzuräumen und im Falle des Nichtgebrauchs zu entfernen.

1 Klicken Sie dazu mit dem Mauszeiger im Fenster **Datenträgerbereinigung** auf diese Registerkarte:

Sie sehen nun dieses Fenster:

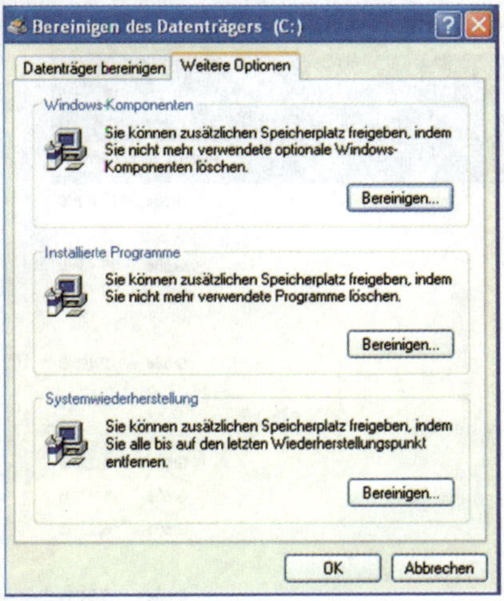

2 Um einzelne Windowsbestandteile zu entfernen, klicken Sie in diesem Teil des Fensters

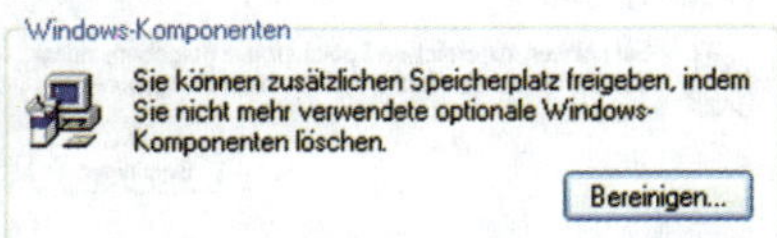

auf diesen Button

und es wird dieses Fenster aufgerufen.

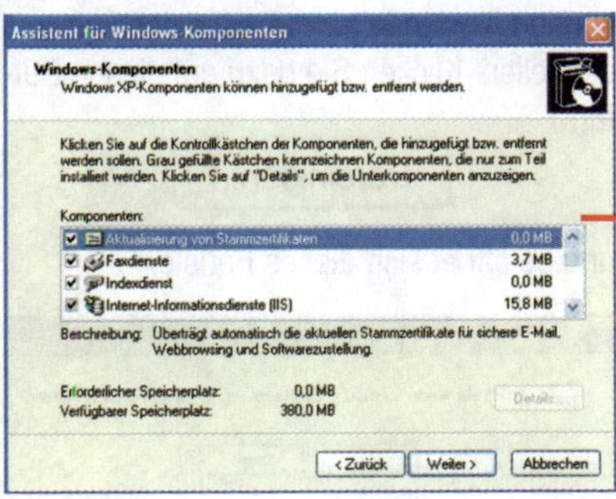

Um Windowskomponenten zu entfernen, deaktivieren Sie im Fenster Komponenten die Kontrollkästchen der Einträge, die Sie nicht benötigen. Klicken Sie dann mit dem Mauszeiger auf diesen Button

und der Datenträger wird bereinigt.

3 Im nächsten Teil des Fensters **Datenträgerbereinigung**

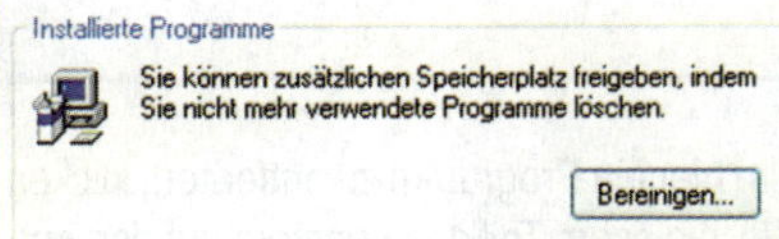

können Sie installierte Programme entfernen. Klicken Sie dazu auf diesen Button

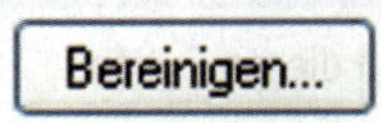

und es öffnet sich folgendes Fenster:

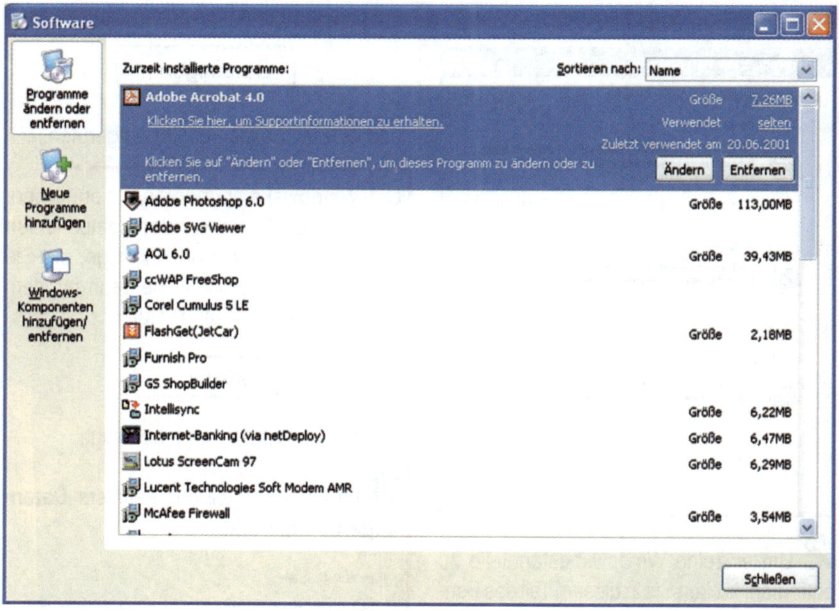

Um hier ein Programm zu entfernen, klicken Sie in diesem Teil des Fensters auf den entsprechenden Eintrag. Zum Beispiel

und dann auf diesen Button:

Das Programm wird nun entfernt.

4 Im letzten Teil des Fensters **Datenbereinigung**

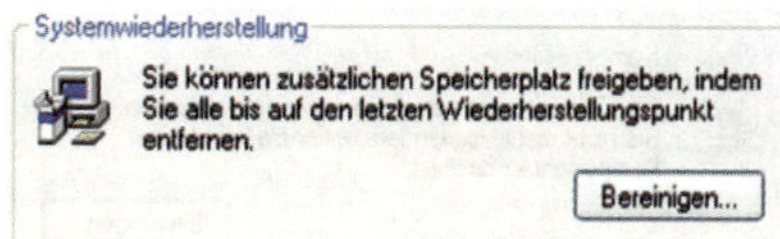

können Sie den Speicherbedarf des Systems einstellen. Klicken Sie dazu auf diesen Button

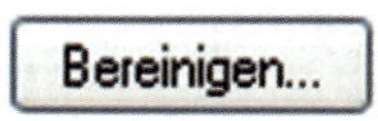

und es öffnet sich dieses Fenster:

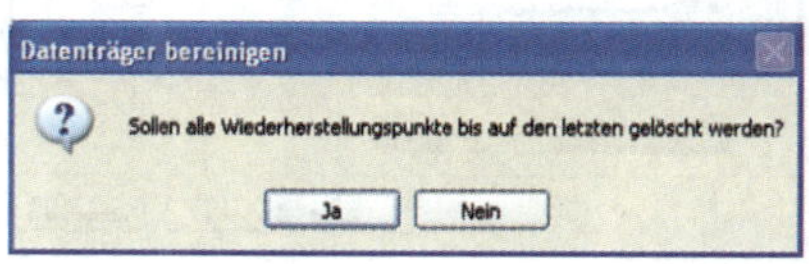

Klicken Sie auf diesen Button,

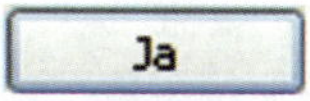

um alle Daten bis zum letzten Wiederherstellungspunkt zu bereinigen.

Defragmentierung

Wenn Sie Daten auf Ihre Festplatte schreiben, werden diese normalerweise an einem Stück auf die Festplatte abgelegt. Sollten aber Löcher in der Datenkette sein, durch vorhergehendes Löschen anderer Programme oder Daten, so werden Ihre Daten aufgesplittet und zerrissen in verschiedene Bestandteile abgespeichert. Das hat zur Folge, wenn Sie wieder auf die gespeicherten Daten zugreifen, braucht Windows XP deutlich länger die Daten zu finden, als wenn Sie als ein gesamtes Datenglied abgespeichert worden wären. Deswegen sollten Sie Ihre Festplatte oder Festplatten des Öfteren dieser Wartung unterziehen. Je nach Datenbewegung sollten Sie es im wöchentlichen oder 14-tägigen Rhythmus wiederholen, da die Defragmentierung der Datenträger sonst deutlich länger dauert, als wenn Sie es regelmäßig durchführen. Da sind wir nun auch schon beim Thema. Führen Sie diese Funktion nur dann aus, wenn Sie ein wenig Zeit haben. Es kann je nach Größe der Festplatte sehr lange dauern. Am besten ist, Sie starten das Programm am Abend nach der Arbeit und lassen den Computer über Nacht das Programm ausführen.

1 Klicken Sie im Desktop auf dieses Symbol:

In dem sich öffnenden Fenster klicken Sie auf diesen Eintrag:

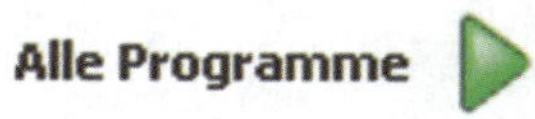

2 Dann bewegen Sie den Mauszeiger auf

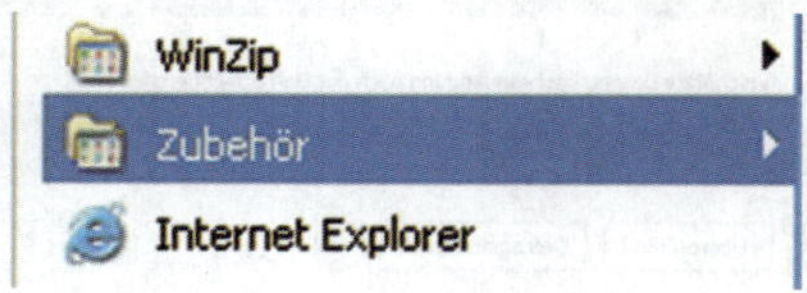

und weiter auf

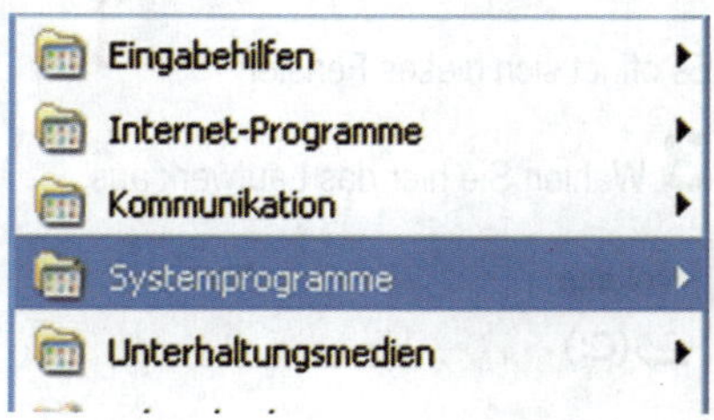

Hier klicken Sie mit dem Mauszeiger auf diesen Eintrag:

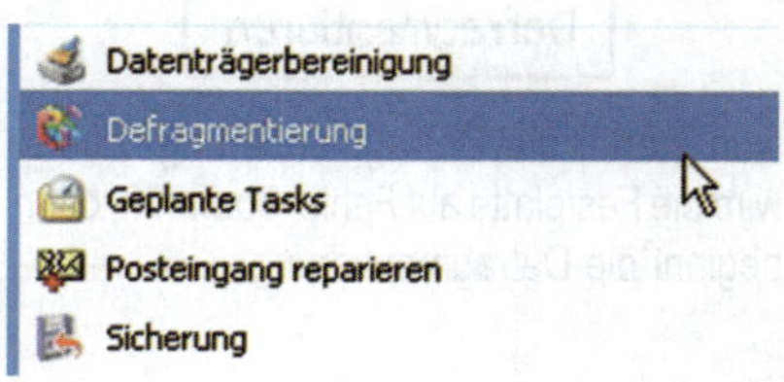

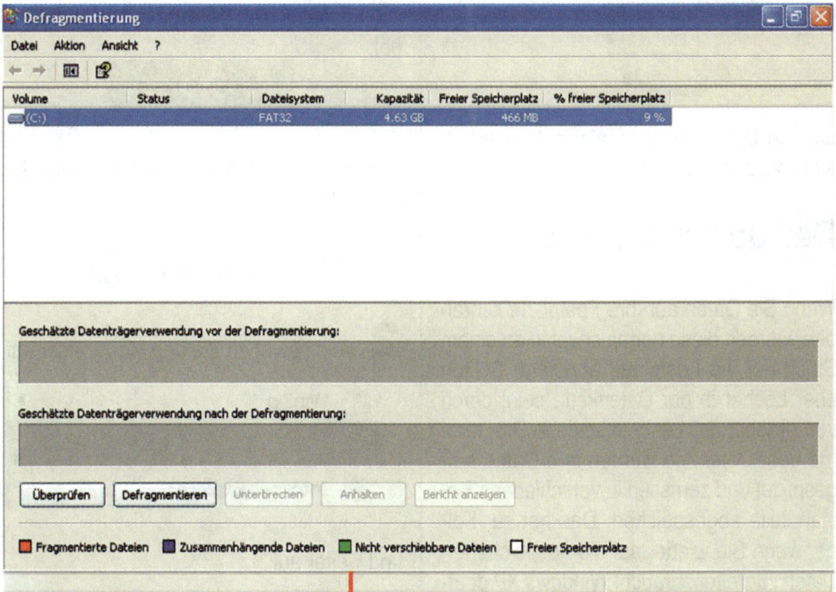

Es öffnet sich dieses Fenster:

3 Wählen Sie hier das Laufwerk aus.

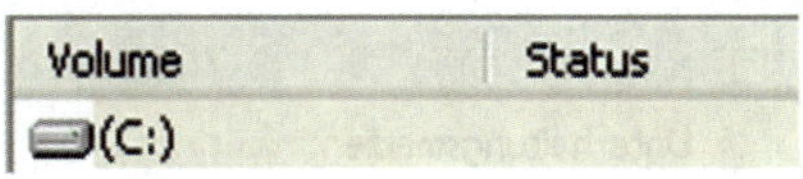

4 Klicken Sie auf diesen Button:

Nun startet die Defragmentierung. Zuerst wird die Festplatte auf Fehler überprüft, dann beginnt die Defragmentierung.

Sie erhalten einen grafischen Einblick in die Datenstruktur Ihrer Festplatte und verstehen sicherlich besser, was wir zu Eingang des Abschnittes mit zerrissenen Datenmengen meinten. Dieser Vorgang dauert nun noch einige Zeit.

Scan Disk

Ihre Festplatte ist ein mechanischer Bauteil, in der sich viele kleine Scheiben, ähnlich einer CD-ROM befinden. Diese Scheiben können durch die Benutzung nach einiger Zeit kleine Schäden aufweisen, die die Festplatte nicht gleich unbrauchbar machen, Daten jedoch, die sich an den fehlerhaften Stellen befinden, beschädigen und zerstören. Damit Windows XP nicht Ihre Daten auf solchen fehlerhaften Stellen abspeichert, müssen Sie mit dem Programm Scan Disk diese fehlerhaften Sektoren aufspüren und Windows XP merkt sich dann diese Bereiche und speichert hier einfach keine Daten mehr ab. In allen anderen Windows Versionen mussten Sie dieses Programm immer selbst ausführen. Dieses übernimmt jetzt Windows XP bei jedem Neustart für Sie.

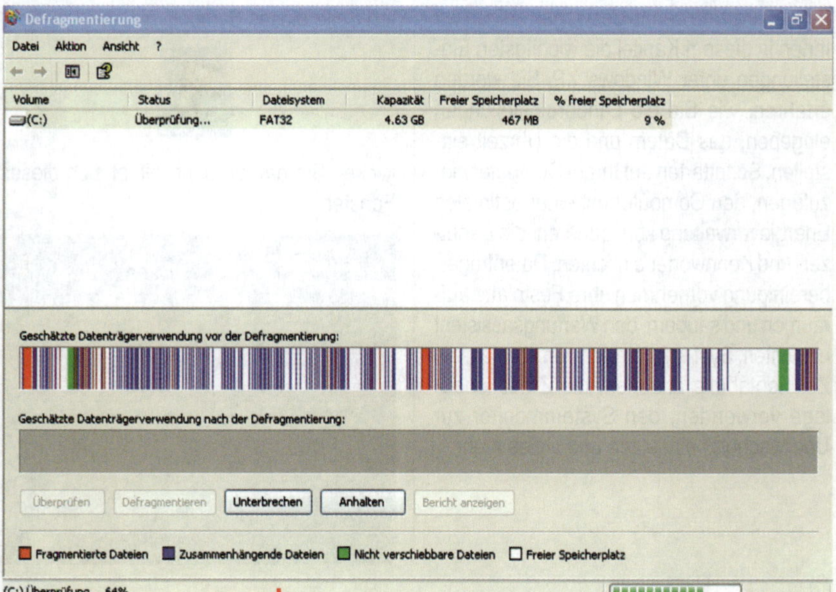

8 Konfiguration und Systemsteuerung

In diesem Kapitel des Buches stellen wir Ihnen die einzelnen Segmente der Systemsteuerung und einige wichtige Systemprogramme vor, so dass Sie schnell die richtigen Einstellungen vornehmen können. Vielleicht fragen Sie sich, warum Sie das alles wissen müssen. Das ist ganz einfach, oft sind es kleine Dinge, die Ihren Computer nicht richtig funktionieren lassen, zum Beispiel wird die Uhrzeit falsch angezeigt, der Monitor schaltet sich sehr schnell ab, Programme funktionieren nicht so, wie sie sollen und so weiter. Das liegt häufig an einer falschen Einstellung und genau deswegen zeigen wir Ihnen in diesem Kapitel die wichtigsten Einstellungen unter Windows XP. Sie werden erfahren, wie Sie die Ländereinstellungen eingeben, das Datum und die Uhrzeit einstellen, Schriftarten auf Ihrem Computer hinzufügen, den Computer mit einer optimalen Energieverwaltung konfigurieren, die Benutzer- und Kennwörter einrichten, Datenträgerbereinigung vornehmen, Ihre Festplatte aufräumen und säubern, den Wartungsassistent einrichten, Systeminformationen abrufen, die Zeichentabelle ansehen, die Zwischenablage verwenden, den Systemmonitor zur Überwachung einsetzen und vieles mehr.

Produktaktivierung

Wenn Sie sich mit Ihrer neuen Version von Windows XP noch nicht angemeldet haben, so müssen Sie das binnen 14 Tagen nach der Installation auf Ihren Computer tun. Wie das geht, lesen Sie hier. Es gibt zwei Möglichkeiten, die eine per Internet, die andere per Telefon. Wir haben die Version per Internet beschrieben.

1 In der Taskleiste finden Sie auf der rechten Seite dieses Symbol,

klicken Sie darauf, dann öffnet sich dieses Fenster:

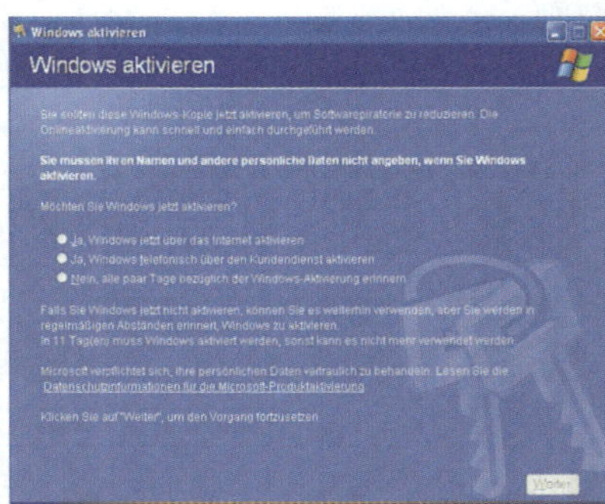

2 Aktivieren Sie diesen Kontrollkasten,

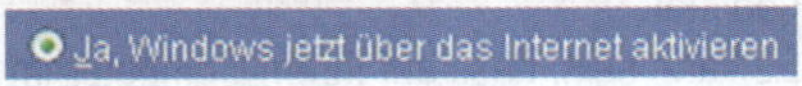

dann klicken Sie auf diesen Button:

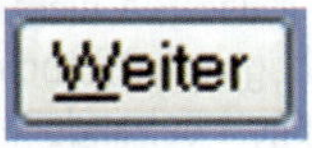

3 Es öffnet sich dieses Fenster:

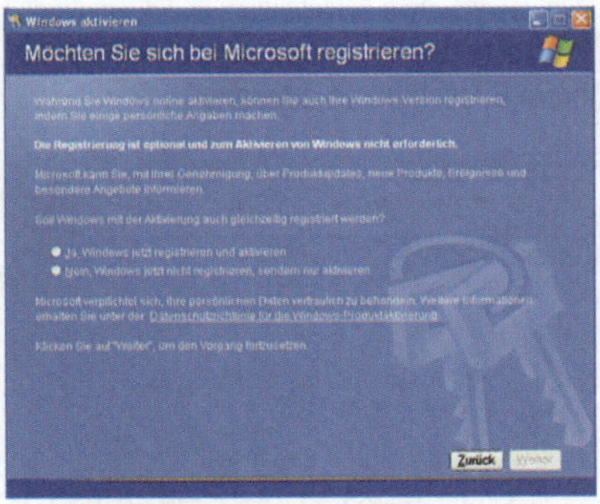

Hier aktivieren Sie dieses Kontrollkästchen

und klicken dann auf diesen Button:

4 Geben Sie nun in dem erscheinenden Fenster Ihre Daten ein.
Dann klicken Sie auf diesen Button:

5 Nun müssen Sie eine Internetverbindung herstellen. Ist das erfolgt, werden die Registrationsdaten von Ihrem Computer an Microsoft gesendet. Ist dieses geschehen, sehen Sie diesen Bildschirm:

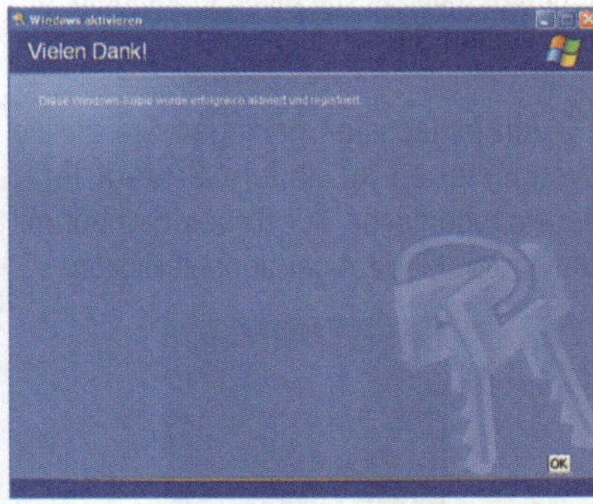

Hier klicken Sie auf diesen Button

und Sie sind registriert.

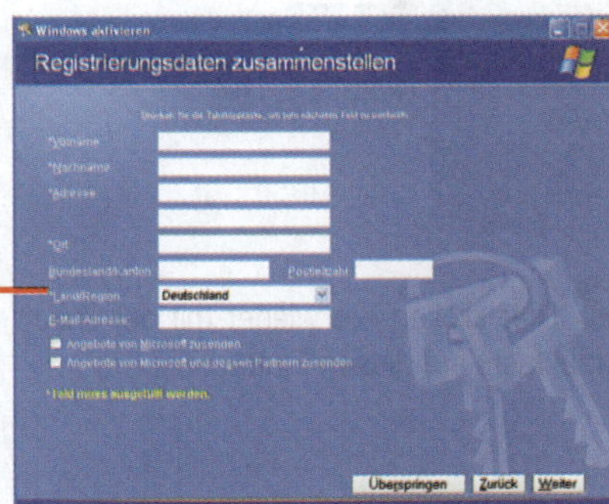

Systemsteuerung öffnen

Um überhaupt mit der Systemsteuerung arbeiten zu können und Änderungen vorzunehmen, müssen Sie diese erst einmal öffnen. Gehen Sie wie folgt vor:

1 Am einfachsten gelangen Sie an die Systemsteuerung, indem Sie auf Ihrer Desktopoberfläche auf dieses Symbol mit dem linken Mauszeiger doppelt klicken.

Es öffnet sich das Arbeitsplatzfenster.

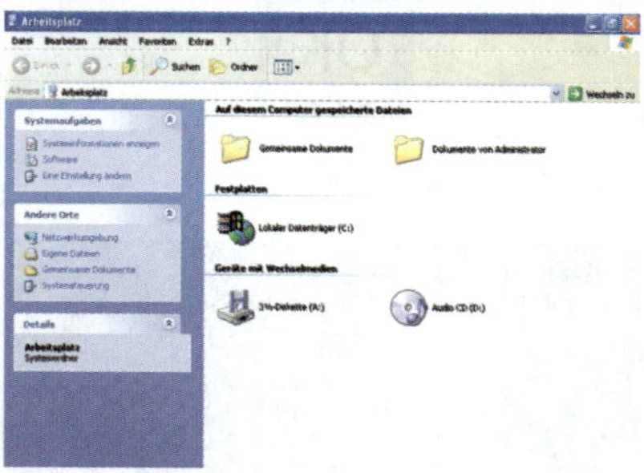

2 Hier klicken Sie wieder mit der linken Maustaste auf diesen Eintrag:

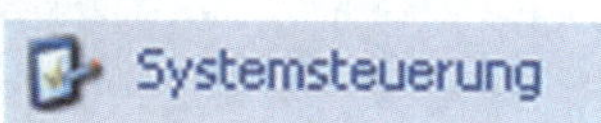

3 Nun wird das Systemsteuerungsfenster geöffnet.
Es kann sein, dass auf Ihrem Computer im Bildschirm einige andere Symbole angezeigt werden. Das muss Sie nicht verwundern, denn die wichtigsten Symbole, die wir im Laufe des Kapitels behandeln werden, sind auf jeden Fall identisch.

4 Sollte das Systemsteuerungsfenster auf Ihrem Bildschirm so aussehen,

so klicken Sie mit dem Mauszeiger einmal auf diesen Eintrag

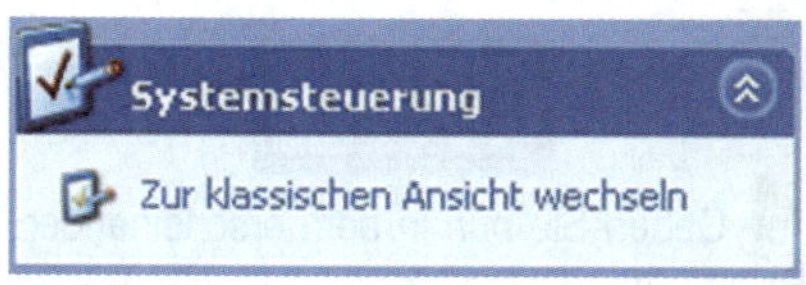

und das Fenster wird sich, wie im Schritt **3** beschrieben, verändern.

5 Um zu den Programmen, die sich hinter den Symbolen befinden, zu gelangen, klicken Sie mit einem Doppelklick der linken

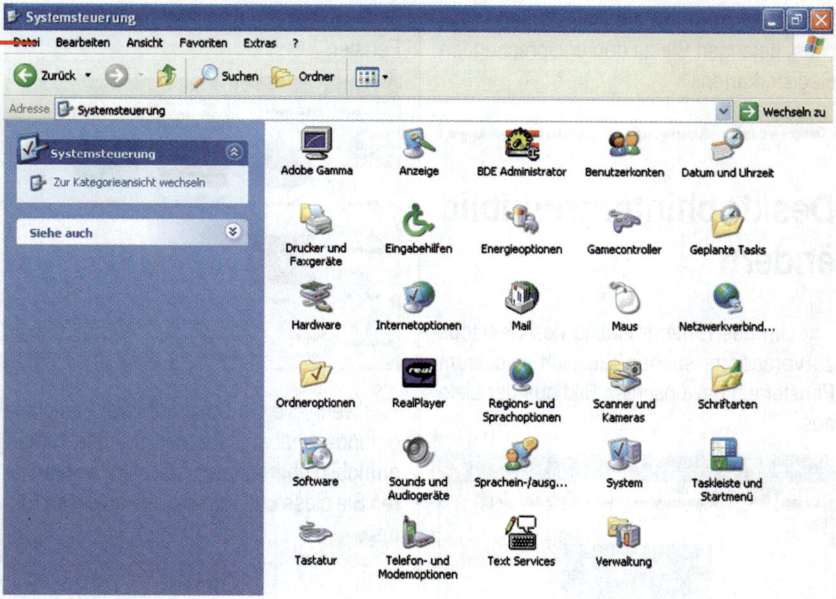

Maustaste auf das Symbol und das entsprechende Programmfenster wird geöffnet.

Anzeige

1 Um die Einstellungen der Anzeige, wie Bildschirmeinstellung oder Bildschirmschoner zu ändern, müssen Sie auf dieses Symbol klicken:

2 Es öffnet sich dieses Fenster:

Wenn Sie oben auf die Registerkarten klicken, gelangen Sie zu den entsprechenden Registerkarten.

Desktophintergrundbild ändern

1 Um das Hintergrundbild des Desktops zu verändern, suchen Sie sich in diesem Fenster ein gewünschtes Bild aus der Liste aus.

2 Oder, wenn Sie ein eigenes Bild als Hintergrund einsetzen möchten, so klicken Sie auf diesen Button

und wählen Sie im nächsten erscheinenden Fenster.

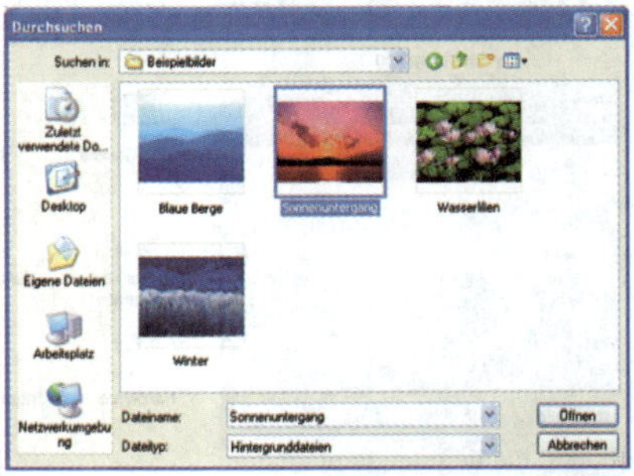

3 Wenn Sie die Datei auf Ihrer Festplatte gefunden haben, aus der Sie das Hintergrundbild übernehmen möchten, so markieren Sie diese und klicken Sie auf diesen Eintrag:

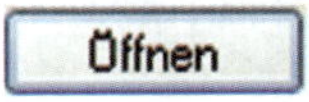

4 Jetzt wird das gewünschte Bild als Hintergrundbild übernommen.

Wenn Sie auf diesen Button klicken,

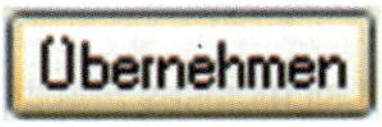

wird die Einstellung direkt in den Desktop übernommen.

Bildschirmschoner einrichten

1 Um einen Bildschirmschoner auf Ihrem Computer einzurichten oder die Zeit des Einschalten des Bildschirmschoners zu verändern, klicken Sie auf diese Registerkarte:

2 Sie sehen dieses Fenster:

Wenn Sie auf den Pfeil in diesem Listenfenster klicken, wird Ihnen eine Liste mit allen verfügbaren Bildschirmschonern angezeigt.

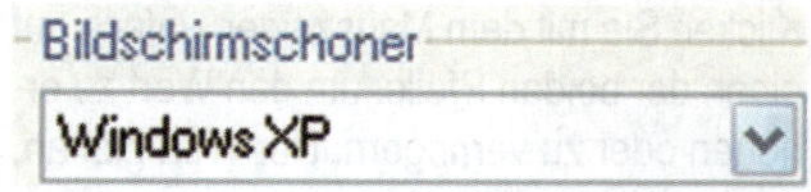

3 Suchen Sie sich einen aus und klicken Sie diesen mit dem Mauszeiger an. Er wird nun im Vorschaufenster angezeigt.

Um die Einstellung des Bildschirmschoners zu verändern, klicken Sie mit dem Mauszeiger auf diesen Button:

4 Es öffnet sich das Fenster **Einstellungen**, welches von Bildschirmschoner zu Bildschirmschoner verschieden ist. Deswegen gehen wir darauf hier nicht näher ein.

5 Die Zeit, wann der Bildschirmschoner sich einschalten soll, geben Sie in diesem Feld ein:

Klicken Sie mit dem Mauszeiger einfach auf einen der beiden Pfeile, um den Wert zu erhöhen oder zu verringern. Der Wert gibt an, wann sich der Bildschirmschoner einschaltet. Die Zeit beginnt nach der letzten Eingabe über die Tastatur oder die Maus.

6 Um die Einstellung zu übernehmen, klicken Sie auf den entsprechenden Button.

Bildschirmeinstellungen

1 Um die Bildschirmeinstellungen zu verändern, klicken Sie mit dem Mauszeiger auf diese Registerkarte:

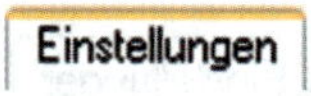

2 Sie sehen diese Fenster auf Ihrem Bildschirm:

3 Hier können Sie in diesem Listenfenster

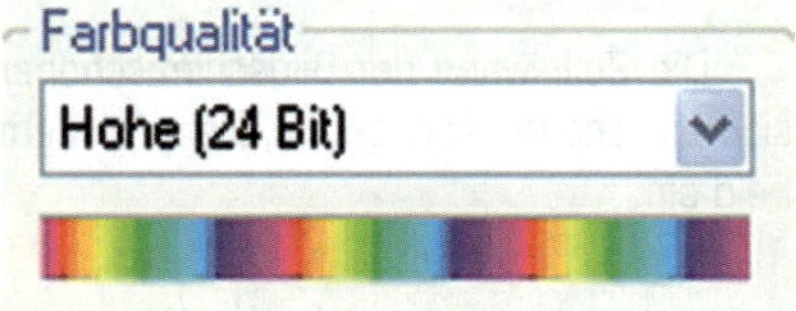

die Farbvielfalt einstellen. Diese hängt von der Leistungsfähigkeit der im Computer eingebauten Grafikkarte ab. Je höher der Wert, desto besser die farbliche Auflösung.

4 In diesem Bereich des Fensters

können Sie mit Hilfe des Schiebereglers die Bildschirmauflösung einstellen. Dabei gilt, je höher die Pixelwerte, desto kleiner werden die Symbole und Anzeigen auf Ihrem Bildschirm. Die optimale Einstellung, je nach Monitorgröße, liegt bei 800x600 Pixel oder bei 1024x768 Pixel.

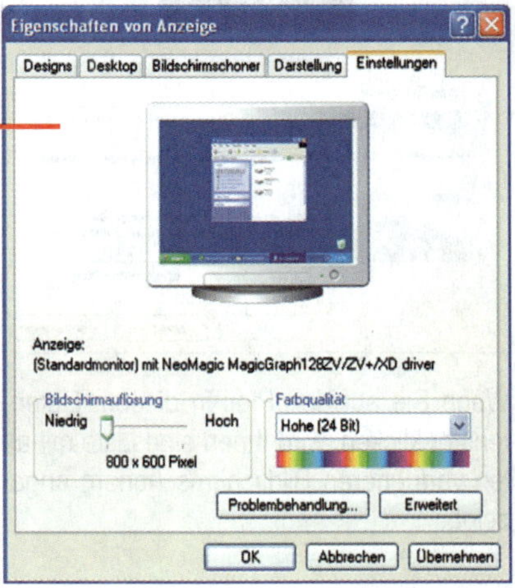

5 Wenn Sie auf diesen Button klicken

Erweitert

öffnet sich dieses Fenster:

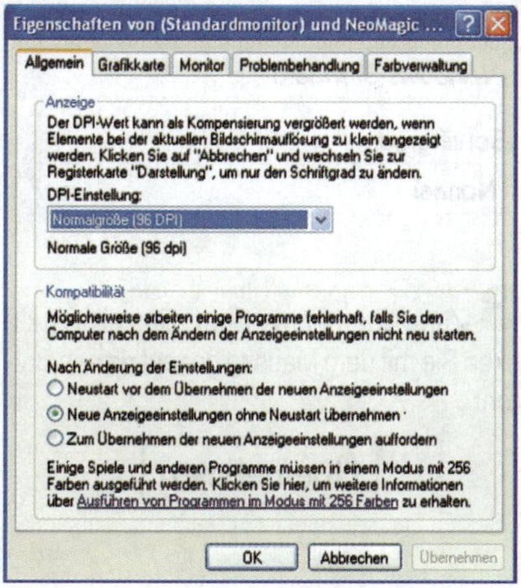

Hier können Sie die spezifischen Einstellungen, zu der in Ihrem Computer eingebauten Grafikkarte, weiter verändern oder verfeinern. Da dieses Fenster von Grafikkarte zu Grafikkarte unterschiedlich ist, gehen wir hier nicht weiter darauf ein. Probieren Sie es selbst einmal aus und klicken Sie sich durch die einzelnen Registerkarten und lesen Sie sich die Beschreibung zu den einzelnen Funktionen gut durch.

6 Um die Veränderungen zu übernehmen, klicken Sie auf diesen Button:

Übernehmen

Effekte und Desktopsymbole

1 Sie haben die Möglichkeit, die Effekte des Desktops und die Desktopsymbole zu verändern. Dazu müssen Sie zuerst auf diese Registerkarte klicken:

Designs

2 Sie sehen diese Fenster:

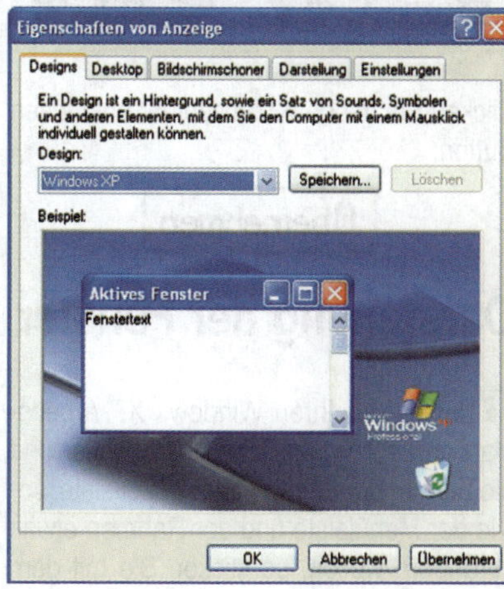

3 Um die Desktopsymbole, Hintergründe, Sounds und Elemente des Computers komplett zu verändern, klicken Sie auf dieses Listenfenster:

Design:

Windows XP

4 Wählen Sie aus der Liste einen Eintrag an und Sie sehen die Veränderung im Vorschaufenster direkt angezeigt, zum Beispiel:

Klicken Sie mit dem Mauszeiger auf diesen Button:

Darstellung der Fenster

1 Wenn Sie Ihren Windows XP-Arbeitsplatz etwas individueller gestalten wollen und die Farben der Fenster in der Titelleiste, sowie der Menüleiste und der Rahmen etwas verändern wollen, so klicken Sie mit dem Mauszeiger auf diese Registerkarte:

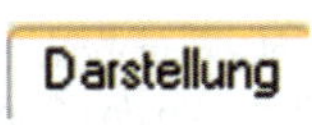

2 Sie sehen dieses Fenster:
Hier können Sie nun über die Listenfenster die entsprechenden Änderungen vornehmen und diese werden im Vorschaufenster darüber auch gleich angezeigt. Hier ein Beispiel zur Änderung der Darstellung.

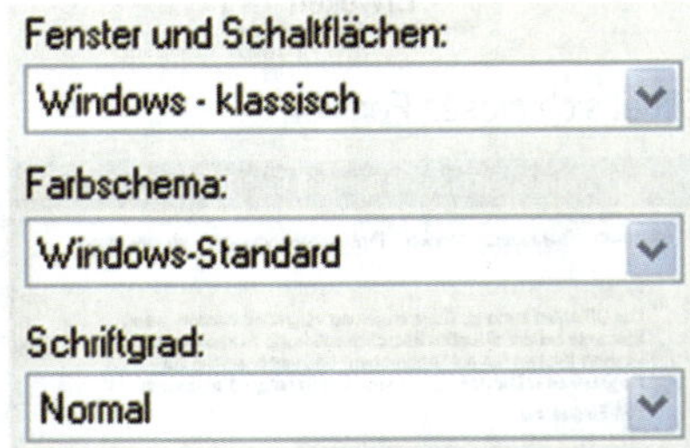

3 Zum Übernehmen der Einstellung klicken Sie mit dem Mauszeiger auf diesen Button:

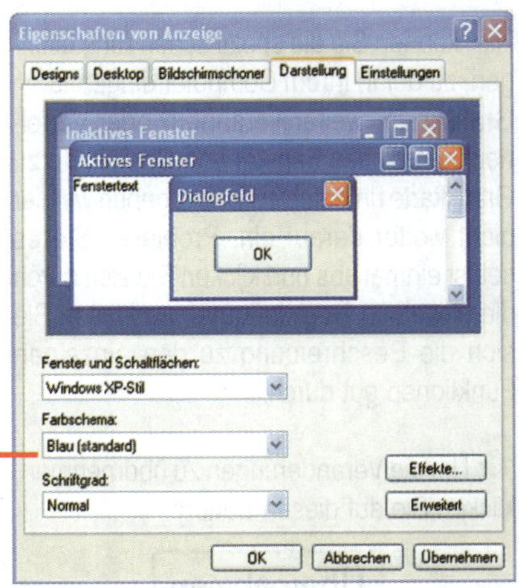

Benutzer und Kennwörter einrichten

Wenn Ihr Computer von mehreren Usern benutzt wird, so ist es sinnvoll, dass jeder Benutzer seine eigene Arbeitsoberfläche, sowie Desktopsymbole und Hintergrundbilder anlegt und somit jeder in seiner eigenen Windowswelt arbeiten kann, ohne von Änderungen des anderen Nutzers behelligt zu werden. Um Ihrem Computer nun mehrere Benutzer und Kennwörter zuzuweisen, gehen Sie wie folgt vor:

1 Klicken Sie mit einem Doppelklick der linken Maustaste im Hauptmenü der Systemsteuerung auf dieses Symbol:

Es öffnet sich dieses Fenster:

2 Klicken Sie auf diesen Button um ein neues Benutzerkonto zu erstellen:

Es öffnet sich dieses Fenster,

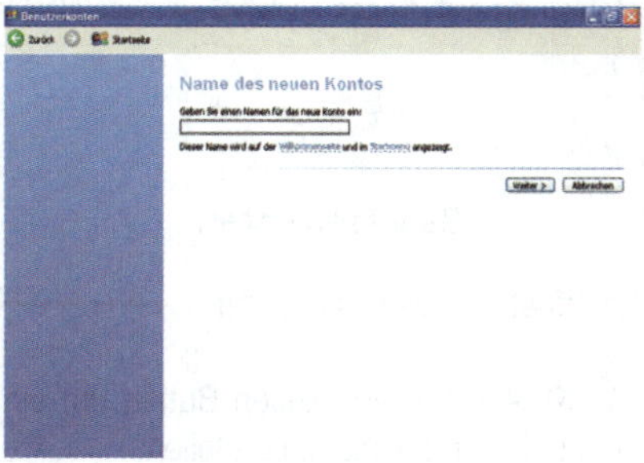

hier geben Sie Ihren Namen ein,

und klicken dann auf diesen Button:

3 Es öffnet sich dieses Fenster:

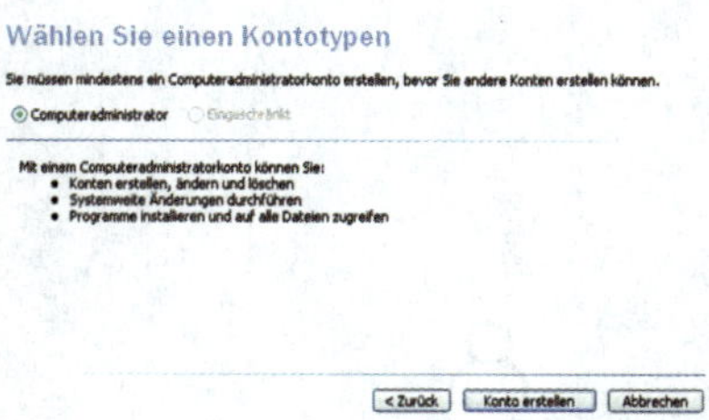

Klicken Sie auf diesen Button.

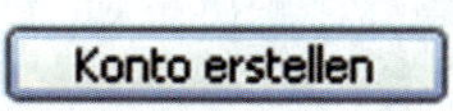

Nun wurde Ihr neuer Benutzer angelegt.

4 Klicken Sie auf diesen Button. Es öffnet sich dieses Fenster:

Um ein Kennwort einzurichten, klicken Sie auf diesen Eintrag:

In dem sich öffnenenden Fenster geben Sie das Kennwort zweimal ein, aber achten Sie darauf, dass es ein Wort ist, was nur Sie kennen und was Sie nicht so leicht vergessen. Die Einträge werden verschlüsselt angezeigt.

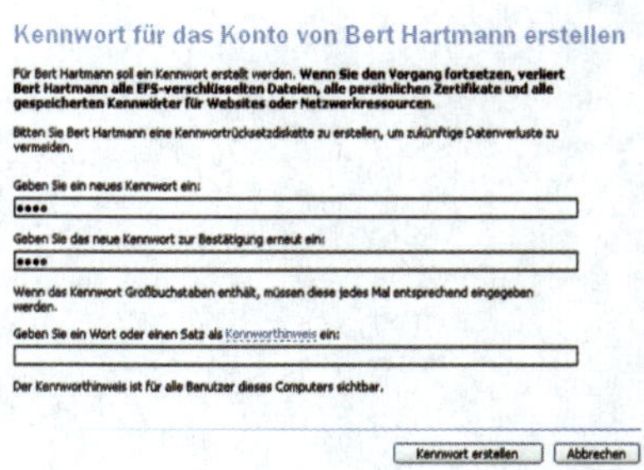

Dann klicken Sie auf diesen Button:

Kennwort ändern

5 Sie können die Willkommenseite mit einem individuellen Bild versehen, klicken Sie dazu auf diesen Eintrag:

Bild ändern

Es erscheint dieses Fenster:

Wählen Sie hier ein Bild aus

und klicken Sie auf diesen Button,

Bild ändern

6 Sie haben nun alle Daten für einen Benutzer eingerichtet. Nun schließen Sie das Fenster und starten Sie Ihren Computer neu.

7 Wenn der Computer neu gestartet worden ist, sehen Sie ein kleines Fenster, in dem Sie den Benutzer auswählen können und das Kennwort eingeben müssen und Windows XP wird gestartet.

8 Wenn Sie weitere Benutzer einrichten möchten, so gehen Sie wie in dem eben beschriebenen Absatz vor und geben Sie weitere Namen ein.

Datum und Uhrzeit einstellen

Wenn Sie auf Ihrem Computer nicht die richtige Uhrzeit oder das falsche Datum haben, können Sie das leicht ändern. Gehen Sie wie folgt vor:

1 Klicken Sie mit einem Doppelklick der linken Maustaste in der Systemsteuerung auf dieses Symbol:

Datum und Uhrzeit

Es öffnet sich dieses Fenster:

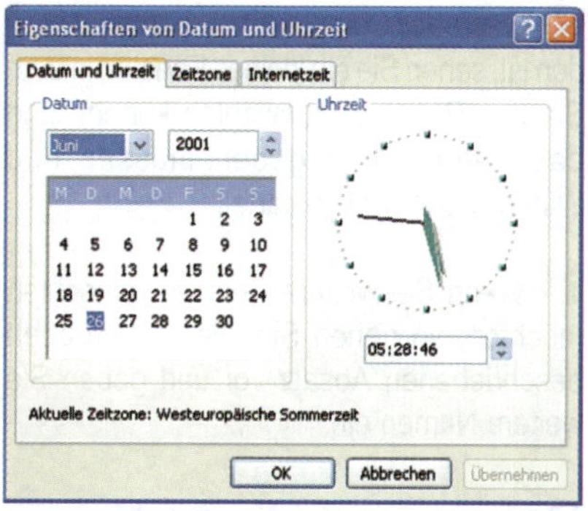

2 Hier können Sie über die einzelnen Fenster das Datum verändern. Um den Monat neu einzustellen, klicken Sie auf dieses Listenfenster

und wählen Sie den Monat aus. In dem Fenster daneben stellen Sie das Jahr ein,

indem Sie auf die Pfeile klicken und den Wert nach oben oder unten korrigieren.

3 Den Tag klicken Sie in diesem Fenster an.

Um die Uhrzeit einzustellen, klicken Sie in dieses Fenster

und geben über die Tastatur die gewünschte Uhrzeit ein. Markieren Sie dazu die gewünschte Stunde oder Minute durch einen Doppelklick mit der linken Maustaste.

4 Um die Änderungen zu übernehmen, klicken Sie mit dem Mauszeiger auf diesen Button:

Energieverwaltung

1 Um Ihren Computer so stromsparend wie möglich einzustellen, gibt es in der Systemsteuerung die Energieoptionen. Hier bringen Sie Ihren Computer auf Sparkurs. Um zu diesem Einstellungsfenster zu gelangen, klicken Sie in der Systemsteuerung auf dieses Symbol:

2 Es öffnet sich dieses Fenster:

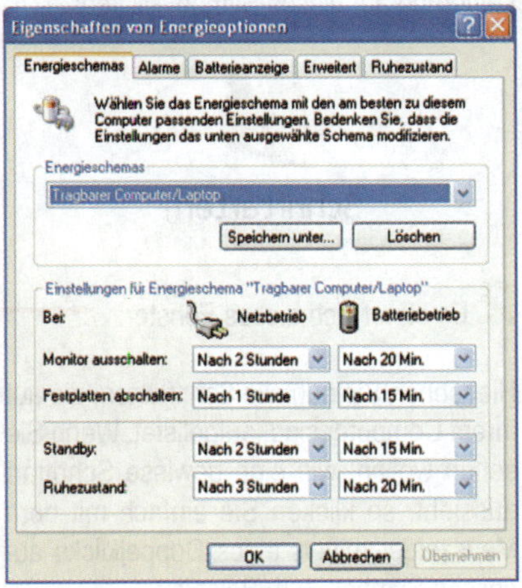

Als Erstes legen Sie die Art des Energieschemas für Ihren Computer fest, indem Sie in diesem Listenfenster das entsprechende Gerät auswählen. Zum Beispiel für einen Laptop.

3 Im nächsten Teil des Fensters legen Sie fest, wann sich der Monitor und die Festplatte abschalten sollen, also nach welcher Zeit die Geräte abgeschaltet werden, nachdem Sie das letzte mal daran gearbeitet haben.

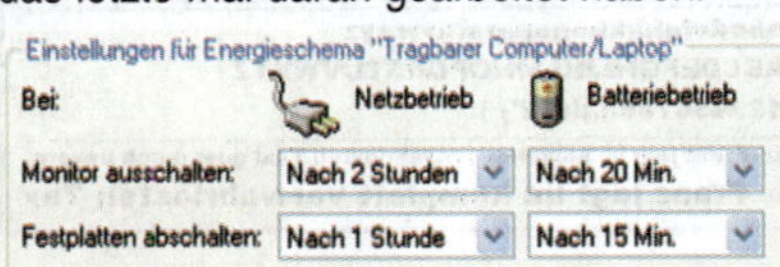

Hier haben Sie die Wahl bei einem Laptop zwischen Netzbetrieb und Batteriebetrieb. Bei einem normalen Computer gibt es nur die Funktion Netzbetrieb. Sie sollten die Zeiten bei Batteriebetrieb deutlich klein halten, um den Akku zu schonen und Strom zu sparen.

4 Welche Zeiten Sie einstellen, hängt davon ab, wie Sie an Ihrem Computer arbeiten. Wenn Sie zum Beispiel Ihre Arbeit in einem Zug erledigen und dann erst nach 5 Stunden wieder das Gerät benutzen, können Sie die Zeiten sehr klein halten. Arbeiten Sie unregelmäßig und mit vielen Unterbrechungen, so stellen Sie die Zeit etwas höher ein.

5 Soll sich der Computer nach einer bestimmten Zeit in den Standby-Modus schalten, so stellen Sie hier in diesem Fenster die Zeit ein.

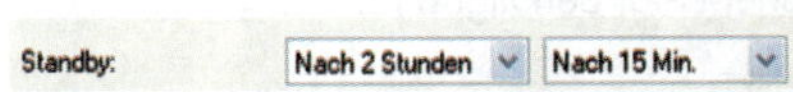

Der Computer schaltet dann alle Geräte, die diesen Modus unterstützen, ab. Zum Weiterarbeiten müssen Sie nur die Maus oder eine Taste betätigen und alle Geräte sind wieder betriebsbereit.

6 Wenn Sie Ihren Computer des Öfteren vergessen auszuschalten, so kann Ihnen der Modus „Ruhezustand“ helfen.

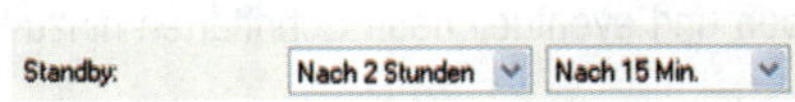

Hier wird nach der eingestellten Zeit der Computer heruntergefahren. Jedoch bleiben alle Dokumente und Programme geöffnet und wenn Sie den Computer wieder einschalten, werden alle Programme und Dokumente, die beim Abschalten geöffnet waren, wieder hergestellt und geöffnet. Die Daten aus dem Arbeitsspeicher werden auf die Festplatte gespeichert.

7 Jedoch müssen Sie dazu unter dieser Registerkarte

das Kontrollkästchen aktivieren.

Es wird Ihnen auch angezeigt, wie viel Speicher dafür benötigt wird.

8 Um alle Einstellungen zu übernehmen, klicken Sie dann auf diesen Button:

Schriftarten

1 Um zu überprüfen, welche Schriftarten Sie alle auf dem Computer gespeichert haben und eventuell neue Schriftarten hinzufügen, müssen Sie in der Systemsteuerung auf dieses Symbol klicken:

2 Es öffnet sich dieses Fenster:

Hier sehen Sie nun alle Schriftarten, die auf Ihrem Computer sind, aufgelistet. Wenn Sie sehen wollen, wie eine gewisse Schriftart aussieht, so klicken Sie einfach mit dem Mauszeiger mittels eines Doppelklicks auf dessen Symbol. Zum Beispiel:

Es öffnet sich ein Fenster, in dem die Schriftart kurz als Muster angezeigt wird.

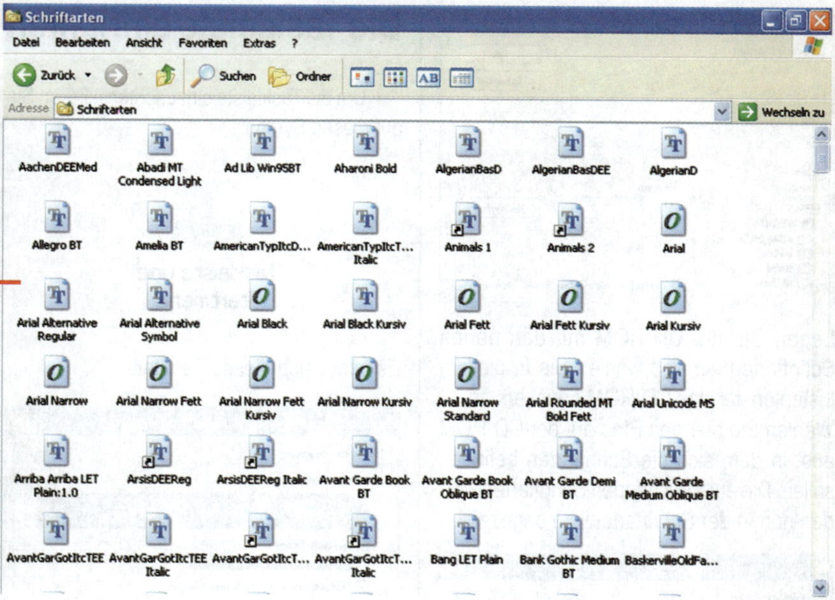

Neue Schriftarten installieren

1 Um eine neue Schriftart zu installieren, klicken Sie mit dem Mauszeiger in der Menüleiste auf diesen Eintrag:

2 Es öffnet sich folgendes Fenster:

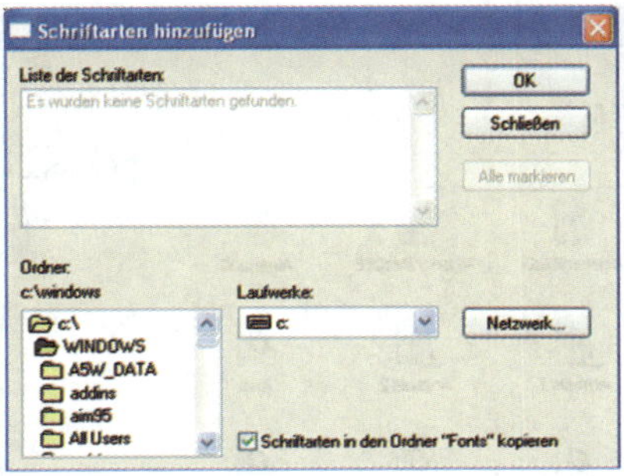

Legen Sie die CD-ROM mit den neuen Schriftarten ein und wählen Sie in diesem Listenfenster das CD-ROM Laufwerk an. Wählen Sie hier den Pfad auf der CD-ROM aus, in dem sich die Schriftarten befinden sollen. Die entsprechenden Schriftarten werden nun in der Schriftartenliste angezeigt.

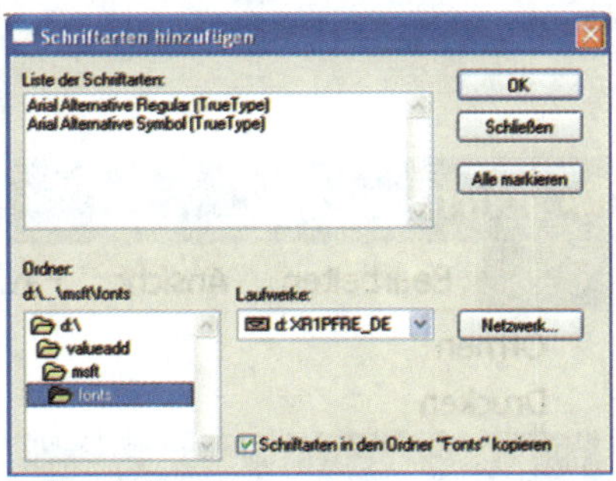

3 Um die Schriftarten zu übernehmen, markieren Sie die entsprechenden Schriftarten und klicken Sie auf diesen Button:

Die Schriftart wird nun übernommen.

Die Taskleiste einrichten

1 Um die Taskleiste einzurichten, klicken Sie auf dieses Symbol:

Es öffnet sich dieses Fenster:

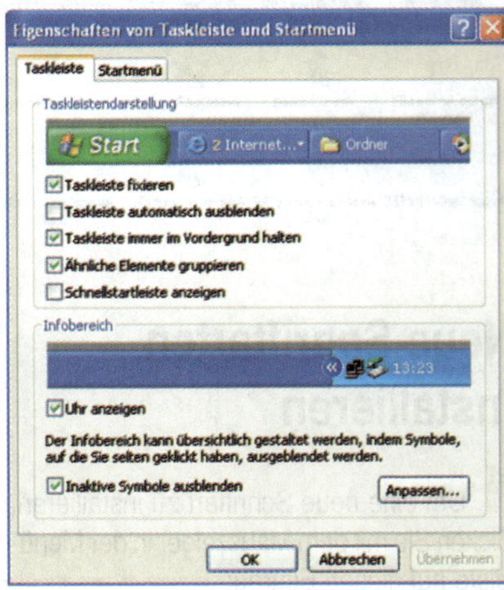

2 Hier können Sie nun die Taskliste und das Startmenü einstellen. Die Veränderungen, die sich ergeben, wenn Sie ein Kontrollkästchen aktivieren, werden in den Vorschaufenstern angezeigt.

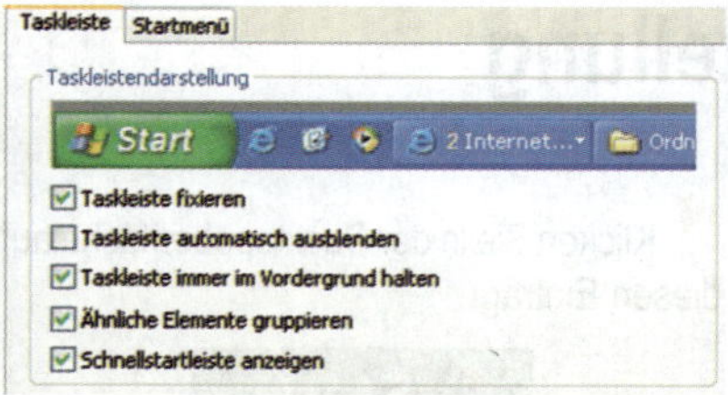

3 Wenn Sie die Einstellungen des Menüfensters verändern möchten, dann klicken Sie auf diesen Reiter

und Sie sehen dieses Fenster:

Hier können Sie mit den Kontrollkästchen bestimmen, wie das Startmenü angezeigt werden soll. Die Veränderung wird im Vorschaufenster angezeigt.

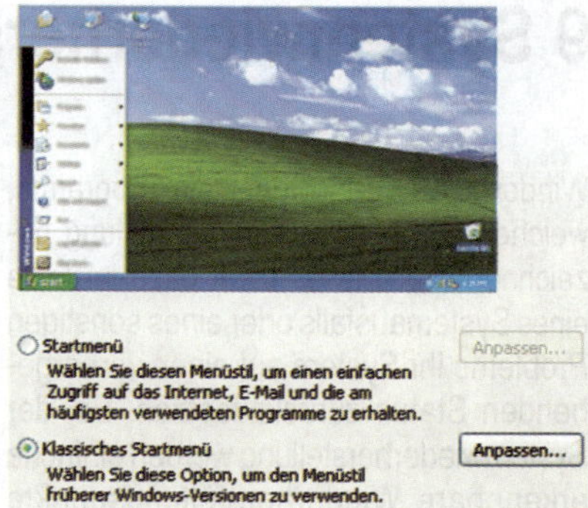

4 Um die angezeigten Einträge im Startmenü festzulegen, klicken Sie auf diesen Button:

Sie sehen dieses Fenster, in dem Sie die Einstellungen vornehmen können.

9 Systemwiederherstellung

Windows XP verfügt über ein Programm, welches als Systemwiederherstellung bezeichnet wird. Dieses dient dazu im Falle eines Systemausfalls oder eines sonstigen Problems Ihr System auf einen vorhergehenden Status zurückzusetzen. Bei der Systemwiederherstellung werden einfache erkennbare Wiederherstellungspunkte erfasst. Dieses können Sie manuell durchführen, wie wir es in diesem Kapitel beschreiben, bzw. stellt Windows XP diese Wiederherstellungspunkte fest, wenn Sie eine Änderung am System vornehmen. Zum Beispiel wenn Sie ein Programm installieren oder deinstallieren. Die Wiederherstellungspunkte werden vom System mit Datum und Uhrzeit versehen, so dass Sie schnell und übersichtlich erkennen können, wann diese angelegt worden sind und dementsprechend auf diese zurückstellen können. Ein kleines Problem entsteht bei der Wiederherstellung: Arbeiten, E-Mails, Historiendaten, sowie Browserlesezeichen, die nach dem Wiederherstellungspunkt erstellt wurden, sind bei der Wiederherstellung nicht mehr verfügbar. Sollten Sie also öfters Änderungen an Ihrem System vornehmen oder Ihr System nicht hundertprozentig funktionieren, sollten Sie des Öfteren Wiederherstellungspunkte anlegen. Wie das funktioniert, lesen Sie im folgenden Kapitel.

1 Klicken Sie in der Desktopoberfläche auf diesen Eintrag:

In dem sich öffnenden Fenster wählen Sie diesen Eintrag an

und bewegen den Mauszeiger auf diesen Eintrag:

Hier wählen Sie diesen Eintrag an

und klicken Sie auf diesen Eintrag:

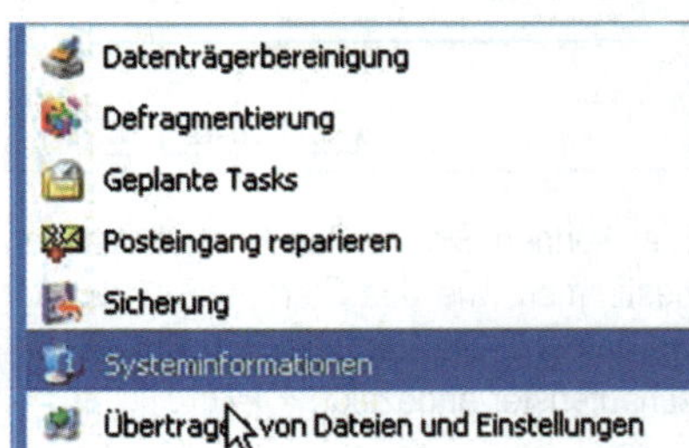

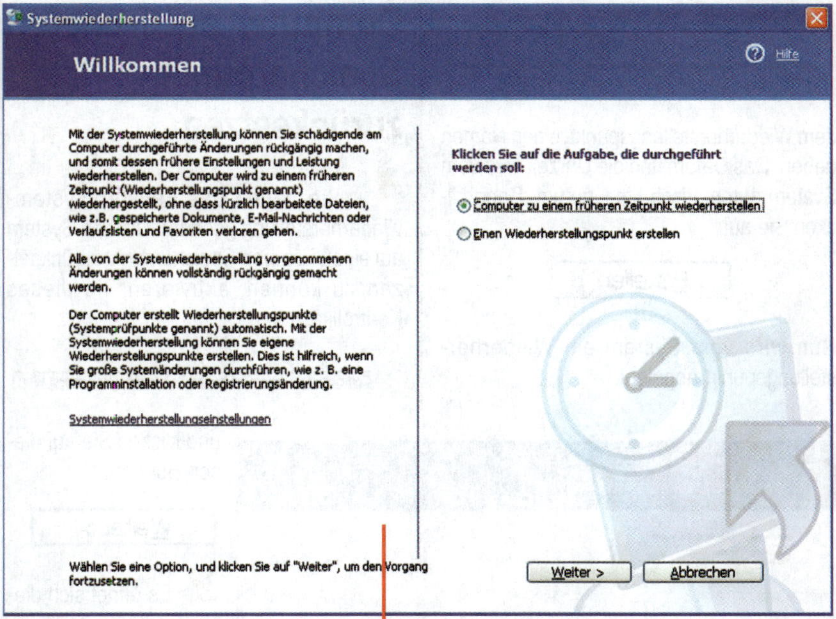

2 Es öffnet sich dieses Fenster:

Wiederherstellungs-punkt erstellen

1 Um einen Wiederherstellungspunkt zu erstellen, aktivieren Sie bitte dieses Kontrollkästchen.

◉ Einen Wiederherstellungspunkt erstellen

Dann klicken Sie auf diesen Button:

Weiter >

2 Es öffnet sich das folgende Fenster,

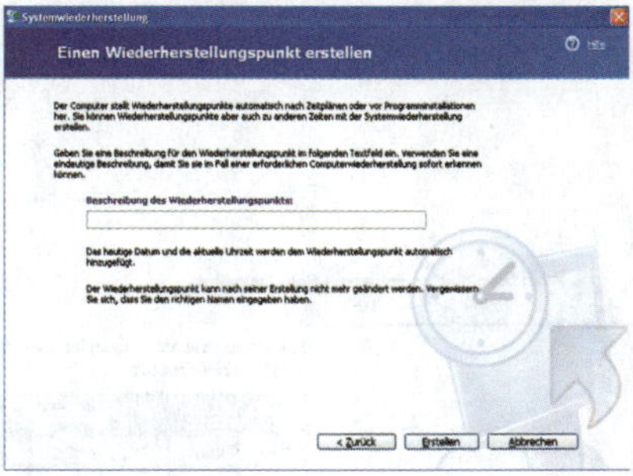

in dem Sie in diesem Bereich des Fensters,

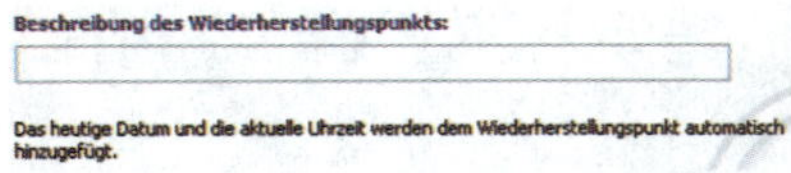

dem Wiederherstellungspunkt, einen Namen geben. Das Datum und die Uhrzeit wird vom System automatisch hinzugefügt. Dann klicken Sie auf

Nun wird vom System ein Wiederherstellungspunkt angelegt.

Computer auf früheren Speicherpunkt zurücksetzen

1 Sie haben das Fenster Systemwiederherstellung geöffnet. Um das System auf einen früheren Speicherpunkt zurücksetzen zu können, aktivieren Sie dieses Kontrollkästchen

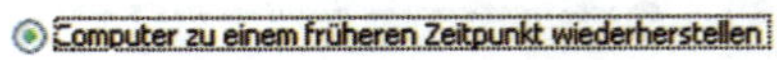

und klicken Sie auf diesen Button:

2 Es öffnet sich dieses Fenster:

In diesem Bereich des Fensters

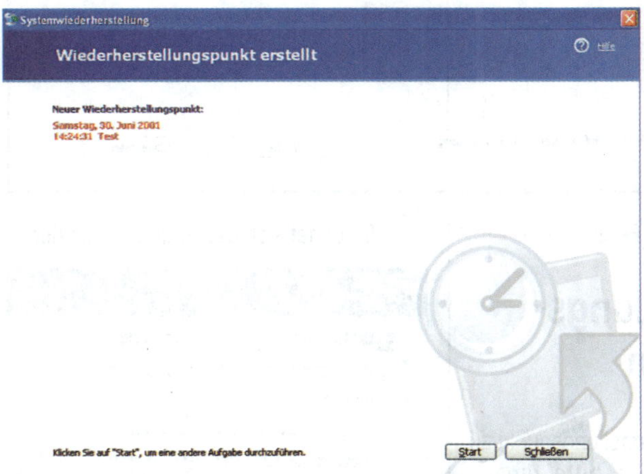

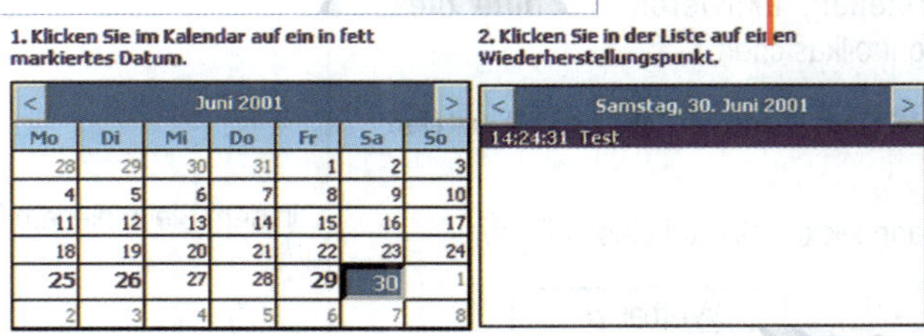

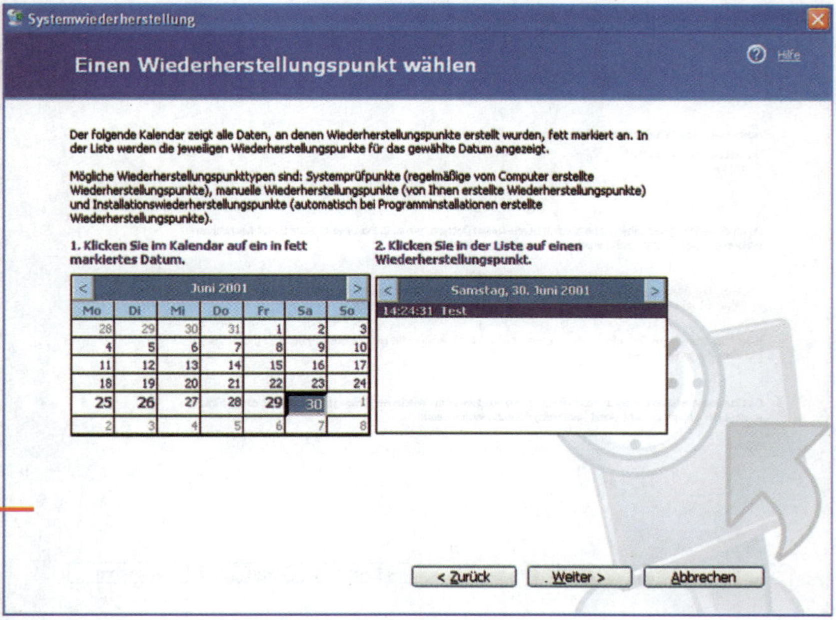

sehen Sie den derzeitig aktiven Wiederherstellungspunkt.

3 Um auf einen früheren Wiederherstellungspunkt zurückstellen zu können, klicken Sie in diesem Bereich des Fensters

auf eines der fett markierten Datumsangaben. Im rechten Teil des Fensters sehen Sie

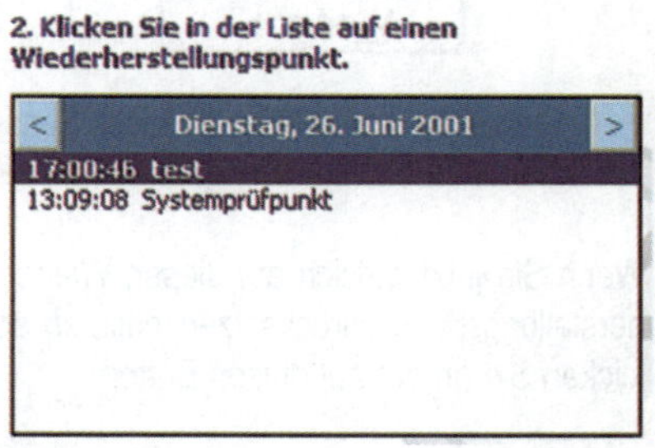

die Wiederherstellungspunkte mit Namen, und Uhrzeit angegeben. Wählen Sie hier den

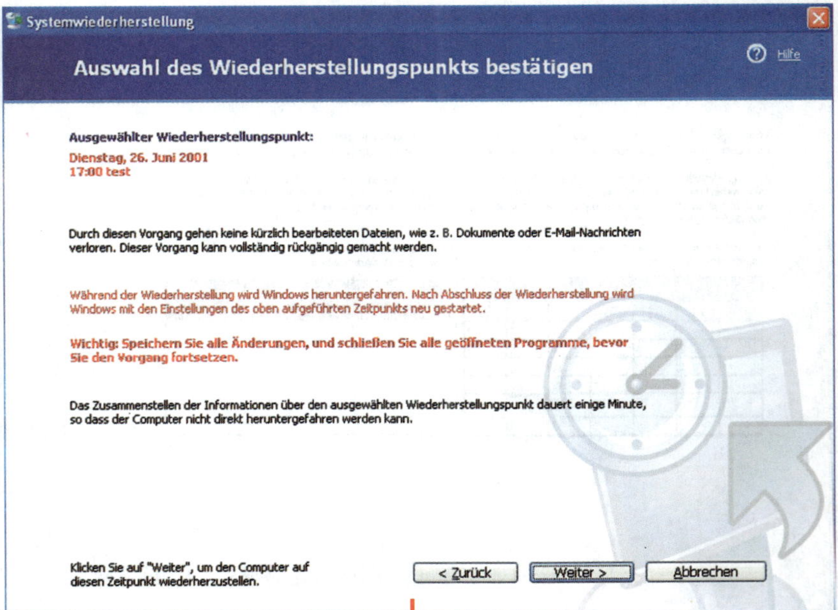

entsprechenden Punkt an und klicken Sie dann auf diesen Button:

4 Sie sehen anschließend dieses Fenster:

Wenn Sie jetzt wirklich auf diesen Wiederherstellungspunkt zurücksetzen möchten, so klicken Sie erneut auf diesen Button

und der Computer fährt herunter und wird neu gestartet. Beim Neustart ist Ihr System entsprechend Ihrer Auswahl des Wiederherstellungspunktes aktualisiert.

10 Windows XP und alle Neuerungen

Das neue Betriebssystem ist intelligent und bedienerfreundlich. Endlich ist es Ihnen möglich, Ihren PC gemeinsam mit anderen zu nutzen. Halten Sie leicht und einfach Ihren PC auf dem neuesten Stand der Technik und das alles mit einem völlig neuen Design, das Sie ganz nach Ihren Wünschen gestalten können und perfekt auf Ihre Arbeitsweise abgestimmt ist. Welche Neuerungen es ganz allgemein im neusten Modell aus der Microsoft-Reihe gibt, möchten wir Ihnen nun auf den folgenden Seiten noch einmal kurz vorstellen.

Personalisierter Begrüßungsbildschirm

Mit Windows XP macht die gemeinsame Nutzung des Familien-PCs erst richtig Spaß. Es ist möglich, während des Setups über die Systemsteuerung für jeden Benutzer einen eigenen Account einzurichten. Dementsprechend wird für jeden Benutzer des PCs ein individueller Begrüßungsbildschirm, gemäß den vorher eingerichteten Systemeinstellungen, erstellt. Durch frei vergebbare Passwörter können die einzelnen Benutzer ihre Accounts schützen. Mit Hilfe der schnellen Benutzerumstellung, auch **Fast User Switching** genannt, können Sie problemlos Ihren Account wechseln, während die Anwendungen anderer Nutzer noch geöffnet sind.

Startmenü

Haben Sie Softwareprogramme, die Sie am häufigsten benutzen, so werden Ihnen diese durch das neue Startmenü angezeigt, so dass Sie einfach auf Ihre Favoriten zugreifen können. Ihre fünf bevotzugten Programme werden zuerst angezeigt, und Ihr Standard-E-Mail-Programm sowie Ihr Standard-Web-Browser sind jederzeit verfügbar. Greifen Sie einfach per Mausklick auf Ihre Dokumente, Drucker und Netzwerk-Anschlüsse zu. Mit nur einem Mausklick können Sie Hilfe- und Support-Funktionen sowie Tools zur Konfiguration Ihres Systems aufrufen. Nicht zu Letzt können Sie auch, gemäß Ihren Anforderungen, das Startmenü personalisieren.

Datei- und Verzeichnisverwaltung

Ordnen Sie doch einfach Ihre Dateien einmal nach Ihren Wünschen. Mit Hilfe von Miniaturansichten Ihrer wichtigsten Dokumente können Sie problemlos durch Ihre Verzeichnisse blättern.

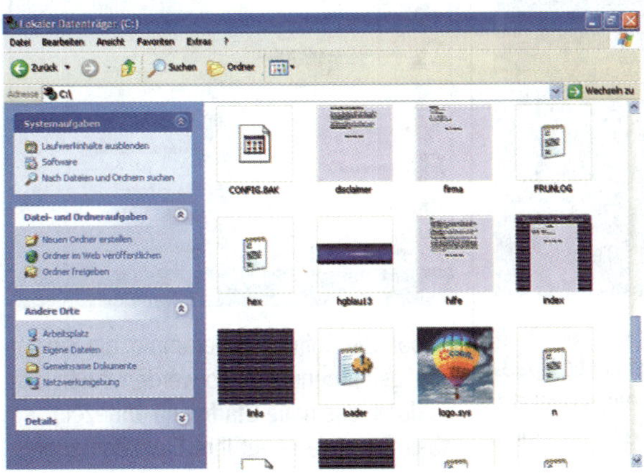

Hilfe und Supportcenter

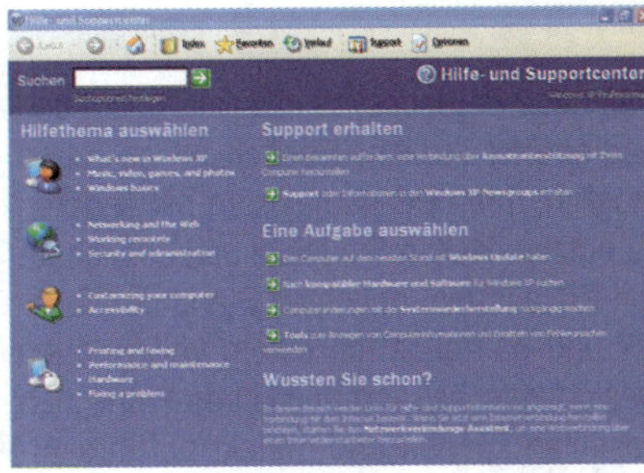

Besser bekannt als Suchassistent, ermittelt, welche Art von Hilfe Sie benötigen, und ruft Informationen ab, die Sie für Ihre aktuelle Anwendung brauchen.

Digitale Bilder

Unter Windows XP können Sie Bilder austauschen, veröffentlichen, herunterladen und drucken. Ihre eigenen Bilder können Sie verwalten, oder zeigen Sie doch einfach Ihre digitalen Bilder an und das leichter als je zuvor. Das Verzeichnis „Eigene Bilder“ bietet Ihnen mehrere Möglichkeiten, Ihre Bilder anzuzeigen, sie mit Freunden und Familie über E-Mail auszutauschen und Ihre Lieblingsbilder im Web zu veröffentlichen. Sie haben sogar die Möglichkeit, direkt über das

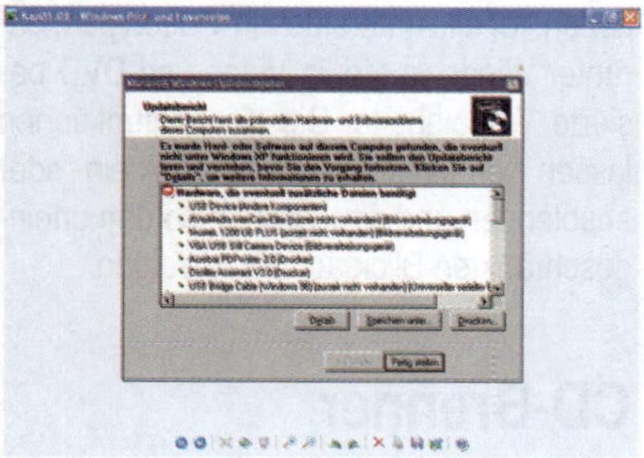

Internet Abzüge Ihrer Fotos zu bestellen. Mit dem neuen Foto- und Print-Assistent in Windows XP können Sie Fotos, die mit einer digitalen Kamera aufgenommen oder mit einem Scanner eingescannt wurden, formatieren und drucken. Sie können den Drucker, den Papiertyp und das optimale Layout für Ihre Fotos auswählen und dadurch die Qualität Ihrer Abzüge verbessern und unnötigen Papiermüll vermeiden. Windows XP bietet darüber hinaus eine schnelle und einfache Möglichkeit, Abzüge Ihrer Fotos über einen Web-Service zu bestellen, so als würden Sie Ihren Film im nächsten Fotogeschäft abgeben, nur dass Sie Ihren Schreibtisch dabei nicht verlassen müssen. Mit dem Webpublisher-Assistent können Sie problemlos Fotos, Videos und Audio-Clips auf Ihrer persönlichen Web-Seite veröffentlichen, so dass Ihre Freunde, Familie und Kollegen sie problemlos anschauen bzw. anhören können.

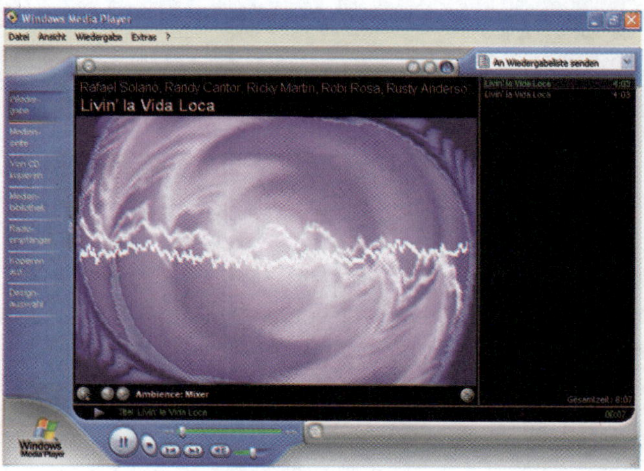

Windows Media Player für Windows XP

Der Windows Media Player ist eine Funktion von Windows XP und der erste Player, der alle Ihre Aktivitäten im Bereich digitale Medien in einer einfachen, benutzerfreundlichen Anwendung vereint. Sie können jetzt Videos und DVDs anschauen, Musik hören, Ihre Medien in persönlichen Listen sortieren, Internet-Radiosender einstellen, Musiktitel von einem tragbaren Abspielgerät übertragen und eigene CDs bis zu sieben mal schneller brennen als mit anderen bekannten Lösungen - und das alles mit nur einem einzigen Programm! Sie können sogar das Aussehen des Players an Ihren persönlichen Geschmack anpassen, indem Sie Farben, Design und Funktion entsprechend wählen.

Integriertes DVD-Playback

Windows Media Player für Windows XP ist der erste Player mit voller DVD-Unterstützung, darunter automatische Titelerkennung, erweiterte Medieninformationen und Kontrollfunktionen für Eltern. Und nur der Windows Media Player stellt Motive für die Covergestaltung, Kapitelauflistungen und anderes, aus einer Datenbank mit mehreren Tausend Titeln zur Verfügung. Der Windows Media Player ist der erste mit integrierten Vollbildschirmvideokontrollfunktionen, für alle unterstützten Videotypen, darunter Windows Media Video und DVD basierte Videoinhalte. Die Kontrollfunktionen lassen sich einfach per Mausklick ein- oder ausblenden und ermöglichen so den uneingeschränkten Blick auf die Anzeigen.

CD-Brenner

Der Windows Media Player nutzt die integrierte CD-Brennerfunktion von Windows XP, so dass Sie Ihr CD-ROM- oder CD-RW-Laufwerk optimal nutzen können. Brennen Sie Ihre CDs bis zu sieben mal schneller als gewöhnlich und greifen Sie auf alle Ihre tragbaren Geräte über ein einziges Fenster zu. Verbesserte Nutzung und Geräte-Support erleichtern es Ihnen, Ihre Musikstücke und Videos zu erwerben, zu verwalten und auf eine einzigartige breite Palette an tragbaren Geräten zu übertragen.

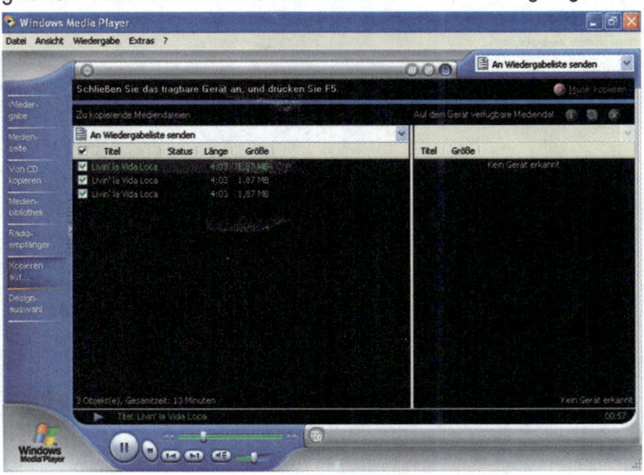

Musik

Damit ist es einfach, Musikstücke auf Ihrem Computer zu suchen, zu organisieren und abzuspielen. Speichern Sie Ihre Dateien im Ordner „Eigene Musik". Auf diese Weise können

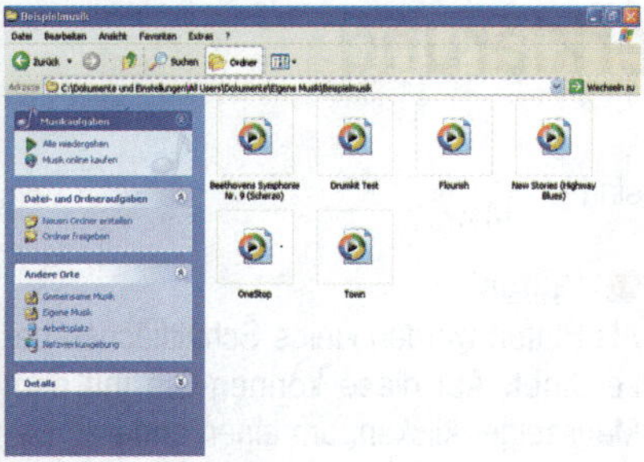

Sie alle Musikstücke nach Interpret, Jahr, Album, Titelnummer und Titellänge ordnen und anzeigen. In den Interpretenordner können Sie sehen, wie viele CDs Sie von einem Interpreten besitzen, und Sie können für viele Ihrer CDs sogar das Albumcover anzeigen. Da der Media Player nun in das Betriebssystem integriert ist, können Sie Musikbezogene Aufgaben über „Eigene Musik" ausführen, beispielsweise Abspielen aller Songs in einen Ordner, Onlineshopping von Musikstücken oder Kopieren von Musikstücken auf eine Audio-CD.

Windows Movie-Maker

Erstellen Sie eigenen Film. Erstellen Sie das Musik-Video, von dem Sie immer geträumt haben. Halten Sie die ersten Schritte Ihres Babys fest und lassen Sie die Großeltern, die einige hundert Kilometer entfernt wohnen, in nur wenigen Minuten an diesem besonderen Ereignis teilghaben. Dies sind nur einige Beispiel für die vielfältigen Verwendungsmöglichkeiten von diesem Softwareprogramm. Sie können aber auch mühelos ein Video erstellen, Ihre Lieblingsclips auswählen, Sie zusammen bearbeiten und sogar noch Sprachdaten oder Musik hinzufügen. Sobald Sie Ihr Meisterwerk vollendet haben, können Sie es über E-Mail oder das Internet Ihrer Familie und Ihren Freunden zugänglich machen.

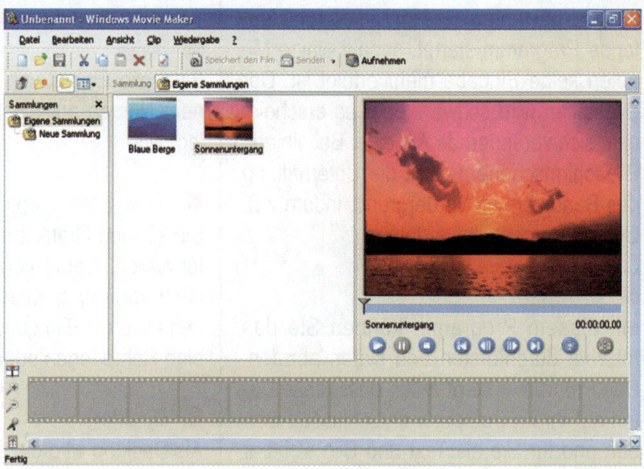

11 Glossar - Begriffserklärung

Auflösung
Mit Auflösung bestimmt man bei Grafiken die Anzahl der Bildpunkte pro Strecke, in der Regel Pixel pro Zoll. Je höher die Auflösung, desto mehr ist in der Grafik zu sehen... theoretisch. Tatsächlich bestimmt die Lochmaske des Monitors, was zu sehen ist. Und mehr als 96 Pixel pro Zoll ist da auch bei den Besten nicht drin.

Betriebssystem
Zusammenstellung von Programmen, die für die Funktion eines Computers notwendig sind.

Bildschirmschoner
Ein Bildschirmschoner hat die Aufgabe, den Monitor vor Schaden durch zu starke Benutzung zu bewahren. Das im Hintergrund laufende Programm startet, sobald einige Minuten keine Eingabe mehr erfolgt ist. Der Bildschirm wird schwarz oder es erscheint eine sich verändernde Anzeige. Bei einigen Bildschirmschonern steht die Unterhaltung des Benutzers im Vordergrund, indem z.B. Comics dargestellt werden.

Browser
Mit diesem Programm können Sie das Internet durchforsten und Daten abrufen. Das Programm sorgt dafür, dass diese Daten auf Ihrem Computer entschlüsselt werden und für Sie als Text und Bild sichtbar sind.

Button
Als Button werden kleine Schaltflächen bezeichnet. Auf diese können Sie mit dem Mauszeiger klicken, um einen anderen Bereich oder ein anderes Fenster zu öffnen.

CD-ROM
Compact Disc mit dem Prinzip ROM (Read Only Memory) – eine CD dient als Datenspeicher. Auf einer unbeschriebene CD-ROM lässt sich im Gegensatz zu einer Festplatte nur einmal mit einem CD-Writer speichern. Beschriebene CDs können mit jedem CD-ROM-Laufwerk gelesen werden. Bis zu 650 Megabyte (mehr als 650.000.000 Byte) passen auf eine CD.

Datei
Sinnvolle Einheit von Daten, die uneter einem Namen auf einem Datenträger abgelegt wird.

Deformationen
Sie können Grafiken in Paint Shop Pro deformieren. Dabei verzerren Sie die Grafik nach vorprogrammiertem Muster. Sie können etwa ein Bild quasi dreidimensional um eine Röhre legen oder es völlig verdrehen.

Desktop
Als Desktop wird die Oberfläche unter

Windows bezeichnet, die Sie nach dem Start zu sehen bekommen, wo die verfügbaren Programmsymbole angeordnet sind.

DFÜ-Netzwerk

Dieses Programm erstellt die Einwahl ins Internet. So wird Ihr Computer über das Modem oder das ISDN-Gerät und der Telefonleitung mit einem anderen Computer verbunden und stellt somit ein Netzwerk her. Daten können nun zwischen den beiden Computern ausgetauscht werden.

Externes Modem

Das sind Modems, die in einem separaten Gehäuse sind und mit einem Kabel an Ihren Computer angeschlossen werden. Das geschieht über die COM- oder USB-Schnittstelle.

Fenster

Programme und Ordner werden in Windows als sogenannte Fenster dargestellt. Sie erkennen diese an dem grauen Rahmen, der um solch ein Fenster läuft. Oben befindet sich bei allen Fenstern die meist blaue Titelleiste mit dem Namen des Programms.

Hardware

Die einzelnen Geräte Ihres Computersystems. Die Hardware, die man anfassen kann steht im Gegensatz zur Software.

Internet-by-Call

Keine Grundgebühren und kein monatlicher Mindestumsatz, sowie keine Vertragsbindung. Einfach rein ins Internet und nur die Zeit, die Sie online sind, wird Ihnen berechnet. Ein schnelles Wechseln zwischen den Providern ist möglich.

Internet Explorer

Kostenloses Programm (Browser) von Microsoft, zum Surfen im Internet.

Internet Provider

Wenn Sie online gehen, dann sind Sie nicht direkt mit dem Internet verbunden. Sie haben Anschluss an das Telefonnetz, über das Sie einen Einwahlknoten ins Internet erreichen. Ein Internet Provider stellt Ihnen diesen Einwahlknoten üblicherweise gegen Bezahlung zur Verfügung.

ISDN-Gerät

Damit können Sie Daten und Programme zwischen zwei Computern über das digitale Telefonnetz, sprich ISDN (Integrated Services Digital Network) in hoher Geschwindigkeit übertragen.

Kontextmenü

Wenn Sie mit der rechten Maustaste auf ein Objekt klicken, dann erscheint in den meisten Fällen ein Kontextmenü. Dieses Menü sieht zwar immer ähnlich aus, je nach angeklicktem Objekt kann es aber unterschiedliche Befehle beinhalten. Das Kontextmenü ist also immer an die Situation angepasst.

Kontrollkästchen
Sind meist vor gewissen Funktionen, die sich auf die Einstellung auswirken können, zu finden. In Kontrollkästchen können Sie mit der Maustaste kleine Häkchen oder Punkte zuweisen, um die Funktion zu aktivieren.

Maus
Zeigegerät in unterschiedlichen Formen und Ausstattung zur Dateneingabe in den PC. Je nach Maustyp stehen unterschiedliche Funktionen zur Verfügung.

Menüleiste
In dieser Leiste befinden sich die einzelnen Befehle und Funktionen von Windows XP und diese sind noch einmal in Themenschwerpunkte unterteilt.

Modem
Ist das Telefon für den Computer, mit dem Sie sich in das normale Telefonnetz einwählen können, um z.B. Daten zu übertragen, Faxe zu versenden oder zu empfangen.

Passwort
Mit der Eingabe eines Passwortes identifizieren Sie sich als rechtmäßiger Benutzer und erhalten Zugriff auf den gesicherten Bereich.

Product Key
Ist ein Schlüsselcode, der vom Hersteller des Produktes ausschließlich für dieses Produkt zugeordnet worden ist. Produkte mit einem solchen Schlüsselcode sind auch nur mit dem ihnen zugeordnetem Code verwendbar.

Registerkarten
Sind mehrere Funktionen und Befehle in einem Fenster auszuführen, dann werden diese in einer Art von Karteikartensystem hintereinander gelegt und können über die Registerkarten angewählt werden.

Schriftarten
Sind unterschiedliche Zeichen, die sich in Form und Art voneinander unterscheiden. Sie können alle unter Windows installierten Schriftarten verwenden.

Statusleiste
In dieser Leiste, die sich am unteren Bildschirmrand eines Programmes befindet, werden alle Informationen zum aktuellen Dokument angezeigt, wie zum Beispiel die Seitenanzahl, die Position des Einfügemarkers u.v.m.

Symbolleiste
In dieser Leiste werden die wichtigsten Funktionen und Befehle eines Programmes mit kleinen Symbolen dargestellt, so dass Sie schneller auf den gewünschten Bereich zugreifen können. Die Leiste ist zu Beginn im Standardmodus eingestellt und zeigt nur einige Symbole an. Sie können aber diese Leiste auch individuell nach Ihren Wünschen einrichten.

Systemsteuerung

Die Systemsteuerung ist ein Ordner, der wichtige Programme enthält. Diese Programme werden verwendet, um Windows einzurichten. Ein Beispiel ist die Anwendung **System,** mit der Sie Hardware einrichten.

Taskleiste

Zentrales Funktionselement von Windows, enthält die Start-Schaltfläche, die Schaltflächen für aktive Programme und Symbole für Schnellstart und Information.

Titelleiste

In dieser Leiste, immer am obersten Rand des Bildschirms, finden Sie den Namen des aktuellen Programms und den Namen des aktuellen Dokumentes wieder.

Stichwortverzeichnis

Jetzt an Ihrem Kiosk!

Impressum

Herausgeber: Harald Mayer

Verlag: media Verlagsgesellschaft mbH
Moosweg 17, D-88175 Scheidegg
Telefon: 0049 – (0) 8387–9222–22
Fax: 0049 – (0) 8387–9222–30
E-Mail: info@media-onlineshop.de
Internet: www.media-onlineshop.de

Redaktion: Michael Becherle
Autor: Bert Hartmann

Microsoft Windows XP – Lernkurs für Einsteiger
10 Stunden Schulung
ISBN 3-930722-27-5